M. DE MATHUISIEULX

A TRAVERS
LA

TRIPOLITAINE

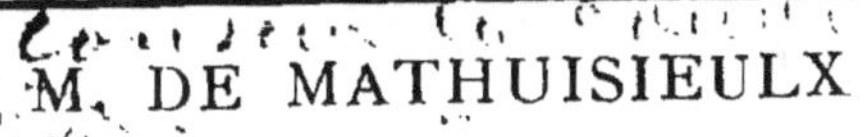

A TRAVERS
LA TRIPOLITAINE

DÉFILÉ DE TROUPES TURQUES DANS LES RUES DE TRIPOLI.

A TRAVERS
LA TRIPOLITAINE

PAR

H. M. DE MATHUISIEULX

Chargé de mission par le Ministre de l'Instruction publique

Préface de **M. L. BERTRAND**

OUVRAGE COURONNÉ PAR L'ACADÉMIE FRANÇAISE

DEUXIÈME ÉDITION

LIBRAIRIE HACHETTE ET Cⁱᵒ
PARIS, 79, BOULEVARD SAINT-GERMAIN
1912

A MONSIEUR LACAU

Consul Général de France à Tripoli

CE LIVRE EST DÉDIÉ

PRÉFACE

La Tripolitaine est un pays complètement fermé aux Européens par le Gouvernement turc, depuis plus de vingt-cinq ans. Elle n'a été auparavant visitée que par un petit nombre de voyageurs, qui la traversaient très rapidement pour se rendre dans le centre de l'Afrique. Il en résulte que cette colonie turque, quoique très rapprochée de nous, est plus inconnue que les plus lointaines régions d'Afrique ou d'Asie.

Or M. Henri Méhier de Mathuisieulx a obtenu la faveur unique de pénétrer à sa guise dans le vilayet, où il compte désormais des amis parmi les fonctionnaires ottomans. Il est le seul Européen qui puisse offrir à la science des documents de première main, sur la géographie, la géologie, la flore, la faune, l'état politique et commercial de cette région restée mystérieuse.

En voilà plus qu'il ne faut pour exciter,

autour du présent livre, l'intérêt passionné,
non seulement de ceux qui se préoccupent de
notre influence et de notre avenir dans l'A-
frique du Nord, mais même des archéologues
et des artistes; car si M. de Mathuisieulx s'est
révélé avant tout un explorateur aussi hardi
que consciencieux, il a compris l'importance
scientifique des ruines romaines ou byzantines
qu'il a rencontrées, il a senti très vivement le
charme pittoresque de l'admirable pays qu'il
parcourait.

Nous accusera-t-on de complaisance, si nous
voyons dans ses pages si colorées sur Tripoli
l'image la plus exacte et la plus brillante que
nous ayons, dans notre littérature, de la vieille
cité barbaresque? Tous ceux qui se sont laissés
prendre par l'Afrique, tous ceux qui en aiment,
d'un véritable amour, la vie sauvage et volup-
tueuse, tous ceux-là se plairont à feuilleter ce
livre. Pour moi, j'avoue mon faible : tout ce
qui touche à l'Afrique m'émeut étrangement;
et c'est avec une nostalgie inquiète, une
curiosité jamais lasse, que j'accueille ceux qui
en viennent et qui peuvent me parler d'elle.

Je dis : *notre* Afrique!... cette Afrique romaine, qui s'étendait depuis la Cyrénaïque

jusqu'aux derniers confins de la Maurétanie Césarienne, ce patrimoine perdu de notre race, que nous commençons seulement à reconquérir sur la barbarie musulmane, cette seconde patrie latine qui devrait être encore ce qu'elle a toujours été : le lieu de rencontre et de réconciliation des trois grands peuples latins de la Méditerranée occidentale.

Nulle part — pas même dans nos patries d'origine — nous ne trouverons aussi vivante cette antiquité romaine, qui fut la mère commune de nos civilisations. En France, en Italie, en Espagne, les mœurs se sont modifiées profondément, l'aspect même du pays est changé, tout a été bouleversé de fond en comble. Ici, presque rien n'a bougé. En dépit des révolutions religieuses, l'atmosphère morale est restée à peu près identique. La « gens togata » semble perpétuer la noblesse de ses draperies et de ses attitudes, dans ces foules vêtues de blanc qui se pressent, les jours de marché, devant les caravansérails, ou dans ces fumeurs indolents, couchés sur des nattes, à la porte des cafés maures, comme les convives des festins antiques. Promenez-vous dans les longues rues étroites, aux murs tout blancs sous leur enduit de chaux vive : vous retrouvez le décor des comédies de Plaute! Voici la taverne odorante et graisseuse, avec ses guirlandes de roses et de jasmins, l'*uncta popina* des satires d'Horace et de Juvénal; voici la boutique du barbier, où l'on vient écouter les nouvelles du jour et les histoires merveilleuses des conteurs en plein vent; voici, dans des scènes de carrefours, toute la bouffonnerie des mimes et des atellanes, le comique ingénu des anciens en sa simplicité enfantine : gifles, coups de pieds et coups de trique, gestes obscènes, propos crapuleux, drôles qu'on rosse, vieillards qu'on berne, parasites battus et contents! Les accessoires et les comparses y sont toujours : le bâton d'abord, l'esclave, le portefaix, la courtisane, — et l'âne!... le petit âne rusé et lascif des fables milésiennes.

C'est pourquoi, en aucun pays latin, les ruines ne sont plus évocatrices que dans l'Afrique du Nord. Le milieu immuable aide à la résurrection de l'histoire la plus lointaine. Oh! que la morte Pompéï paraît languissante à côté de nos vieilles cités africaines!... Thermes de Cherchell, si beaux dans les soleils couchants, avec vos terrasses et vos promenoirs, d'où l'on voit tout le golfe jusqu'à Ténès, et d'où l'on entend le murmure de la mer au pied de la falaise, piscines à demi taries, mosaïques éclatantes, chapiteaux d'un corinthien si pur, peuples de statues, étincelantes comme une neige, sous la lumière de midi! nécropoles chrétiennes, basiliques et baptistères de Tipasa, sépultures des évêques! admirable Thimgad, envahie par les sables, qui dresses à la limite du désert ton arc-de-triomphe et les hautes colonnes de tes temples; chaînes de l'Aurès, espaces illimités, horizons décevants et splendides! casernes de Lambèse où vit le souvenir des légions victorieuses! savante Hippone, où dorment les reliques d'Augustin! colline sacrée de Carthage! quelle fortifiante mélancolie s'exhale de vos pierres éparses, et quel vent salubre d'enthousiasme souffle de votre ciel! Pour le Français resté fidèle à la mémoire des grands ancêtres, nul palais du monde ne passe en beauté la décrépitude vénérable de vos glorieux débris; nul autre lieu ne lui donnera davantage le sens vivant de la tradition; et il cherchera vainement ailleurs l'émotion filiale qui, pour lui, sort de cette terre si magnifiquement façonnée par le génie latin et reconquise, après tant de siècles, au prix du sang de ses pères!...

Ce serait donc une œuvre patriotique, au premier chef, que d'entreprendre des fouilles méthodiques à travers toute l'Afrique du Nord : ce serait remettre au jour les titres de notre héritage. M. de Mathuisieuix exprime le vœu que le Gouvernement français insiste auprès du sultan, pour que le libre accès de la Tripolitaine soit accordé à nos érudits. Ainsi, à travers l'Algérie et la Tunisie, la science francaise rayonnerait sur toutes les contrées qui furent jadis soumises à l'hégémonie latine. C'est un vœu, auquel s'associe, je le sais, mon éminent ami, Stéphane Gsell, le savant archéologue, qui dirige actuellement le musée d'Alger, et qui vient d'organiser sur des basés scientifiques, l'histoire des antiquités africaines.

Un autre intérêt nous attire vers Tripoli. Si notre commerce n'a pas grand chose à gagner dans ces pays pauvres, et si souvent désolés par la sécheresse (M. de Mathuisieulx l'a montré dans son livre), nous devons cependant être là, toujours présents, vigilants au poste, pour surveiller les intrigues et les agissements de nos voisins. L'Angleterre, avec son sans-gêne et sa rapacité ordinaires, a déjà, paraît-il, occupé clandestinement la rade de Bomba, n'attendant qu'une occasion favorable pour y arborer le pavillon britannique. Or l'instant est grave. Jamais le péril anglon-saxon n'a été plus menaçant pour le monde civilisé. De tout notre pouvoir, nous devons résister partout à ses empiètements et opposer à la force brutale du Germain, la force généreuse de la Grande France d'autrefois, — cette France dont on se souvient encore en pays barbaresque et dont le prestige moral est toujours vivant dans le monde de l'Islam!

Louis Bertrand.

Note. — On parle ordinairement de la Tripolitaine comme s'il était aisé de la parcourir. Or aucun Européen ne peut dépasser les remparts de Tripoli, et les habitants de ce port eux-mêmes n'y pénètrent jamais. C'est à ce point, que le sénateur italien Forio s'est vu refuser l'autorisation d'une courte excursion dans le Djebel et que ses bagages ont été saisis par la douane. Récemment, un Européen de Tripoli (M. Valada), ayant fait venir un dictionnaire Larousse, le Gouvernement turc a ordonné le retour des volumes à l'éditeur.

A TRAVERS
LA TRIPOLITAINE

CHAPITRE I

Contrée interdite. — La Douane. — Musée d'ethnographie dans la rue. — Coquetterie et Gourmandise. — Mosquées. — Bagarre nocturne. — Les cawas. — Chez le vali. — Les remparts. — Les Turcs en Tripolitaine. — Exilés politiques. — Dames turques. — Quartier juif. — Pauvreté générale. — Vent de sable.

LE 23 avril 1901, à la pointe du jour, j'éprouvai une de ces émotions qui laissent un souvenir inaltérable dans la mémoire du voyageur : notre paquebot arrivait devant les côtes de Tripolitaine dont tant de géographes, d'archéologues et de naturalistes ont inutilement rêvé l'exploration.

J'allais enfin débarquer dans le nid séculaire de la piraterie barbaresque, j'allais fouler dans quelques instants le seul grand port méditerranéen d'Afrique qui ait conservé toute son originalité médiévale, toute sa couleur arabe, grâce à l'esprit jaloux et inquiet de son maître, le Gouvernement turc !

Les pourparlers échangés entre notre ministère des Affaires étrangères et la Sublime Porte, à propos du voyage que je projetais dans la contrée des cruelles captivités chrétiennes, prouvaient que le sultan s'oppose systématiquement à toute visite des étrangers sur son unique colonie.

A part la ville de **Tripoli**, où de rares commis-voyageurs et de plus rares touristes font une courte escale, on peut dire que l'ancien grenier d'abondance de l'Italie est un des coins les moins connus de l'investigation moderne. Nos explorateurs d'Europe n'ont guère pu qu'en longer le littoral, sauf de courtes excursions dans les districts les plus voisins de la mer. Si Barth, Rohlfs, Nachtigal Mircher et Monteil ont traversé quelques vallées des Djebel, l'accès de l'intérieur s'est refermé sur eux depuis leurs voyages au siècle dernier.

Les difficultés dont j'étais menacé avivaient, comme bien on pense, l'attrait que je ressentais pour ce pays, et l'on comprend que le cœur m'ait

LE PORT DE TRIPOLI.

battu à l'approche de ce rivage demeuré mystérieux.

L'aurore se lève radieuse et limpide. Le port de
Tripoli nous apparaît comme une étroite mosaïque
blanche, enchâssée dans la verdure de son oasis,
le long des flots scintillants.

Le *Rhône* jette l'ancre au moment où les prières
des muezzin s'envolent des minarets que domine
le clocher de la Mission catholique. Une multitude
de barques nous environnent déjà, avec les pavillons distinctifs des consulats, du service sanitaire
et des entrepreneurs maritimes.

Pour descendre dans l'embarcation où m'entraîne le patron de l'hôtel Minerva, j'ai toutes les
peines du monde à me frayer un chemin parmi les
indigènes blancs, marrons et noirs qui envahissent
le pont ; après quoi, je me laisse emporter sur le
clapotis bleu de la houle, vers la ville grossissante.

Au fond de l'anse sonore, entre la pointe orientale qui se dentelle de palmiers et la pointe occidentale qui s'égrène en un interminable chapelet
de roches, luisantes d'écume salée et rutilantes
de soleil, je reconnais sans peine les principales
constructions décrites par mes prédécesseurs : la
trop fameuse citadelle qu'occupe aujourd'hui le
gouverneur ottoman ; le vieux fort espagnol sur-

monté d'un phare récent qui le fait ressembler à un chandelier; d'autres donjons croulants, hérissés de vieux canons encloués. Au-dessus des remparts baignés par l'eau, mon regard fouille le détail de la gradation des terrasses et des coupoles qui trempent leur badigeon de chaux vive dans l'azur flamboyant du ciel.

Mais tout cet éclat n'est qu'une apparence, un mirage lointain. La désillusion commence dès le quai boueux et puant de la Douane, où les fonctionnaires turcs saccagent de leurs mains sales le linge des valises. Elle est insupportable, cette douane de Tripoli. Renchérissant sur les instructions du sultan, elle fait main basse sur les livres, les armes et les instruments des nouveaux débarqués. Après un minutieux examen de la censure, les livres sont restitués, s'ils ne renferment aucune appréciation désobligeante pour le Père des Croyants. Quant aux fusils, revolvers, boussoles ou *detectives*, le propriétaire ne les revoit jamais. C'est ainsi que le reporter d'un grand journal parisien fut dépouillé, il y a deux ans, de tout son attirail photographique, sans que notre ambassadeur à Constantinople soit parvenu à obtenir la moindre compensation.

Comme le consul général m'avait obligeamment

offert la franchise diplomatique dont il jouit, mon bagage passe fièrement sous son nom, sans que l'autorité ottomane en contrôle le contenu.

Dès que j'ai franchi les remparts sous une sombre voûte, mes illusions achèvent de tomber. Des ruelles tortueuses et raboteuses m'attristent avec leur population déguenillée et leurs monceaux d'immondices. Je me trouve dans un encombrement de légumes et de gamins vautrés qui oblige à un véritable steeple-chase, tandis que la tête se cogne aux auvents trop bas et que les pieds roulent sur des pastèques. Le passage de chameaux largement chargés réduit le promeneur à un continuel jeu des quatre coins contre la muraille. Nulle part, dans ce dédale de maisons basses et presque dépourvues de fenêtres, la vue ne perce au delà de quelques pas. Le ciel lui-même n'apparaît que par bandes étroites, coupées par les innombrables arcades qui relient un bord à l'autre et consolident toutes ces masures.

Cependant, sous la conduite du jeune fils de l'hôtelier, j'avance en examinant avec un intérêt croissant la foule la plus bigarrée qu'on puisse imaginer. Arabes, Berbères, Juifs, Maltais, Turcs, Nègres, toutes les nuances de peau et toutes les formes de visage se mêlent en variétés infinies,

dans cet unique débouché des caravanes souda-
naises. Une multitude de chevelures rases ou longues, blondes ou noires, lisses ou crépues, surgit
inopinément après la porte de la *Marine*, sous les
coiffures les plus diverses et les plus multicolores :
turbans, chéchias, mouchoirs, calottes et disques
de paille. Les costumes amples ou serrés, volumi-
neux ou sommaires, les physionomies guerrières
ou timides, errent devant les boutiques emplies
d'une quantité de petites industries locales, entre
des maisons repliées sur leur cour centrale, et
tout cela révèle une vie intense, spéciale à ce coin
d'Afrique. Quand j'arrive à l'hôtel Minerva, où une
bande de curieux en burnous et de marmots en
chemise m'a suivi, la vision féerique du mouillage
est irrévocablement dissipée, mais pour faire place
à la certitude que je récolterai dans les remparts
tripolitains une ample moisson d'impressions in-
connues et d'un réalisme plus captivant que toutes
les fantaisies de l'imagination.

Comme dans les autres habitations de la ville,
les chambres de l'hôtel dominent de leur unique
étage une cour intérieure, dallée de marbre et con-
tournée d'arcades. Je choisis la plus écartée, et j'y
grimpe par des escaliers et des balcons richement
fleuris ; car les Tripolitains ont la passion des pots

TRIPOLI, RUE COUVERTE.

de géraniums et de rosiers ; ils en couvrent les moindres surfaces disponibles.

A peine le temps de déposer mon bagage, et je me rends chez le consul général de France. Son habitation se trouve dans une ruelle à voûte intermittente, et il faut arriver jusqu'au seuil pour se douter que ce bâtiment abrite un agent d'un rang aussi élevé dans la hiérarchie diplomatique. Mais, dès qu'on a franchi ce seuil, et qu'à la suite des cawas (gardes), en brillant uniforme, on traverse la grande cour émaillée de roses pour monter le spacieux escalier de marbre, on constate que notre Gouvernement n'a pas marchandé le bien-être à ceux qu'il charge de les représenter. De larges vérandas, savamment obscurcies, conduisent aux pièces hautes, vastes et fraîches.

M. Lacau m'accueille avec cette courtoisie aisée dont il a la réputation dans tout l'Orient. Je sens aussitôt en lui un aide dévoué et d'une grande compétence à laquelle je me soumettrai entièrement. Toute sa carrière s'étant écoulée dans les pays arabes et turcs, il est mieux que personne à même de vaincre les difficultés auxquelles je vais être en butte. Il en a vaincu bien d'autres, pendant ses gérances, alors qu'il triomphait des dissidents tunisiens, résolvait la question française à

Zanzibar, et opérait à Sofia une avantageuse réconciliation entre la Russie et la Bulgarie.

Je suis retenu à déjeuner, et lorsque je sors du consulat, tous les plans sont arrêtés pour agir auprès des autorités turques au sujet des voyages dans l'intérieur.

La réussite est très problématique, car l'autorité s'effarouchera plus d'une demande de séjour dans les montagnes des Gariana et de l'Yffren que d'un voyage au Fezzan. C'est ainsi que la permission de gagner directement Mourzouk en trente journées de marche a été accordée, cette année, à un Anglais, tandis que trois Allemands ont été arrêtés dans une promenade aux environs de la côte. Les Turcs soupçonnent toujours les nations européennes de faire étudier les abords de Tripoli pour une invasion. D'autre part, je ne puis songer à me mettre en route sans l'autorisation formelle du vali[1], parce que je serais vite rattrapé par la gendarmerie des zaptiés et ramené à Tripoli.

En attendant que l'on statue sur mon sort, je parcours Tripoli et ses faubourgs.

Je défie qui que ce soit de se reconnaître, la première fois, dans ce réseau de sentes qui se

1. Gouverneur général.

croisent, qui s'engouffrent sous des voûtes obscures ou se tordent entre des murs percés de rares
moucharabiés. L'absence de noms indicateurs augmente l'embarras du nouvel arrivé.

Les artères du quartier marchand sont proté-
gées des rayons solaires par des panneaux de bois
qui relient d'un bord à l'autre les corniches des
échoppes sans étages. Dans cette pénombre, la
lumière s'infiltre par les disjonctions des planches
et se livre à toutes sortes de jeux bizarres. Lorsque
les fusées lumineuses tombent sur une étoffe aux
couleurs vives, ou sur un objet de métal poli, elles
éclatent en incandescences de forge, qui aveuglent
le regard.

Une infinité de boutiques juxtaposées et symé-
triques s'alignent comme des alvéoles de ruche.
Elles sont si sombres qu'on distingue à peine le
fond. Sur l'entrée, les vendeurs arabes, juifs et
turcs, se tiennent accroupis, immobiles comme
s'ils étaient vissés, daignant à peine remuer lorsque
les acheteurs berbères et nègres se présentent.

Les revendeurs de tapis tripolitains, de burnous
fezzanais, de chéchias ottomanes et de curiosités
soudaniennes; les épiciers qui débitent surtout
des cigarettes; les ferblantiers qui vendent aussi
des étriers; les armuriers qui procurent de vieux

fusils à pierre aux pâtres du désert ; les grainetiers
chez qui les ménagères voilées remplissent leurs
couffins d'orge et de maïs ; toute cette agglomération de petits commerçants n'écoule pas facilement ses produits, car le client passe et repasse
bien des fois avant de se décider à délier sa
bourse,... quand il s'y décide.

Chaque boutique renferme en somme très peu
de choses, et j'en ai observé qui ne contenaient
presque rien. Tripoli, qu'on réputait naguère
comme l'emporium du centre africain, perd constamment de son importance au point de vue commercial, parce que les caravanes du Soudan se
sont faites de plus en plus rares et parce que la
sécheresse appauvrit de plus en plus les agriculteurs berbères du *vilayet*.

Les souks ne contiennent que des articles sans
grande valeur. Les riches ballots d'ivoire et de
plumes d'autruche qu'apportent les caravanes,
dédaignent ces piteuses baraques et vont directement dans les magasins des négociants européens
et israélites attendre l'heure de l'embarquement
pour Paris. Je suis loin cependant de partager
l'avis de ceux qui préfèrent le quartier marchand
de Tunis à celui-ci. Sans doute l'animation est plus
intense dans le premier, mais il s'y mêle un si

décevant afflux de population européenne que le
cachet oriental en est gravement compromis. Et
puis, si les costumes indigènes sont plus somp-
tueux à Tunis, ils n'ont pas l'étonnante variété
des rues tripolitaines que l'on a justement com-
parées à un musée anthropologique. A côté du
Berbère osseux et bronzé, qui se drape dans son
baracan troué, l'Arabe au visage plus pâle passe
avec une lenteur compassée. Les citadins cossus
entr'ouvrent leurs burnous transparents pour
mieux laisser voir leurs vestes brodées et leurs
pantalons de soie. Si la culotte est bouffante et si
le turban affecte une couleur verte, ce riche est
un juif; sinon, un descendant des conquérants du
xie siècle.

Le Koran et la Bible ne se chicanent pas ici et
l'antisémitisme algérien n'y a guère d'écho. On se
méprise mutuellement, mais on ne se le dit pas.

Je m'attarde à m'apitoyer sur les nègres dont les
corps demi-nus ploient sous d'énormes charges
d'eau ou de légumes, et dont les visages en sueur
ont des reflets de bronze sous les rais du soleil.
Pas un qui ressemble à l'autre. Les nez aquilins
font suite aux nez camards, les lèvres minces
à celles qui rappellent les *pneus* de bicyclettes;
les pommettes évasées contrastent avec les faces

ovales, les statures solides avec les squelettes vivants.

C'est que ces hommes et ces femmes viennent de régions plus éloignées les unes des autres que Paris n'est de Tripoli. Les tribus sveltes et cambrées du Niger coudoient dans ces rues les tribus massives et lourdes du Nil, les Fezzanais aux fortes carrures bousculent les chétifs négrillons de l'Oubanghi. Ils ne se comprennent même pas, ces malheureux, entre types dissemblables, car leurs dialectes diffèrent autant que l'allemand du français. Sous l'uniforme couleur noire dont l'ardent soleil des Tropiques a verni la peau des Africains, battent des cœurs fort étrangers les uns aux autres.

Dans la foule, passent aussi des Maltaises en capuchon de religieuse, des soldats turcs serrés dans des vestons décolorés et trop courts, des Italiens en bras de chemise, tous accourus de leurs quartiers respectifs.

Avant de sortir par la porte du Pacha, je longe les ruelles spécialement occupées par les artisans. Il y a plus d'activité parmi ce monde de potiers, de forgerons, de brodeurs, de tisserands et de tailleurs. Les orfèvres coulent d'énormes anneaux pour les oreilles féminines et martèlent les larges cerceaux d'argent dont les élégantes Juives se ceignent la taille. Naturellement, ces bijoutiers sont très entourés par le beau sexe. Plus loin, sous des calottes rouges, les petits crânes tondus des moutards tournent en satellites autour des paniers des pâtissiers ambulants : les jeunes yeux noirs ont des ardeurs de lionceaux en fixant les beignets au beurre de chamelle. A toutes les latitudes, les femmes se ressemblent et les enfants aussi : coquetterie et gourmandise sont toujours les mêmes péchés sous les travestissements les plus dissemblables.

Aux abords de la Porte, les débits et restaurants regorgent d'officiers turcs qui sirotent, dans des tasses minuscules, la boue noire que nous connaissons sous le nom de *café turc*. Rien de plus immérité que la bonne réputation de cette épaisse décoction sans fumet. Les Arabes policés ne font aucune difficulté pour reconnaître la supériorité du café « à la franca », c'est-à-dire à l'Européenne.

La ville possède plusieurs mosquées que je dois regarder du dehors, car l'entrée en est inexorablement interdite aux « Roumis ». Une pareille prohibition, dans cette région où le fanatisme musulman fermente plus ardemment que partout ailleurs, n'a rien de surprenant, puisque à Tunis même les temples d'Allah nous sont fermés. Dans notre protectorat beylical, les mosquées de Kaïrouan sont les seules accessibles aux infidèles. C'est bien la ville sainte par excellence, mais ses temples ont été violés par nos troupes au moment de la conquête; et, une fois violées, les *djamma* perdent leur caractère divin.

Il existe cependant à Tripoli une mosquée qui a été violée, à l'insu de tous les fidèles, par deux jeunes Anglaises. L'une d'elles m'a montré, comme preuve irrécusable du délit, une photographie prise dans l'intérieur. Profitant d'une minute où le gardien s'était absenté. les audacieuses filles d'Albion montèrent jusqu'au premier étage du minaret et ressortirent en dissimulant l'appareil entre leurs jupes. C'est miracle qu'aucun mahométan ne se soit aperçu de ce crâne enfantillage qui aurait pu mal finir.

Le plus bel établissement religieux de Tripoli est sans contredit la mosquée du Pacha. C'est une ancienne église espagnole, que les Karamanli avaient d'abord transformée en nécropole. J'y ai entrevu des portes en bois très joliment sculptées et de curieux treillis. La toiture se compose, dit-on, de petites coupoles reposant sur des colonnes que les habitants se vantaient naguère d'avoir prises à un bateau chrétien.

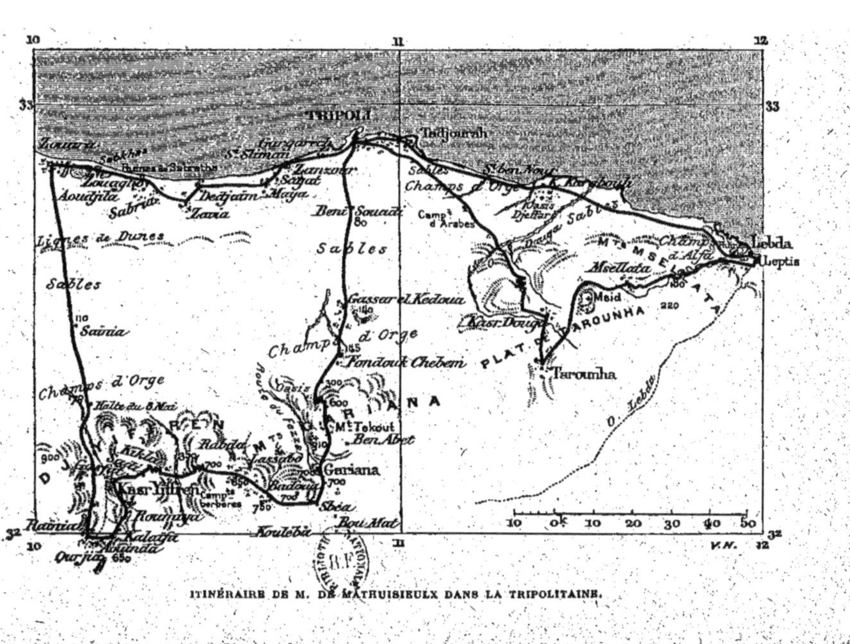

ITINÉRAIRE DE M. DE MATHUISIEULX DANS LA TRIPOLITAINE.

Il faut croire qu'au siècle dernier le fanatisme
se montrait moins intransigeant, puisque les mé-
moires laissés par le personnel des consulats racontent les visites que les Européens faisaient
dans les mosquées de Tripoli, en dehors des
heures de prière. D'ailleurs, cet exclusivisme n'est
pas seulement affaire d'époque, mais aussi de lieu.
A Constantinople et dans toutes les grandes cités
de la Turquie d'Europe, les infidèles foulent sans
difficulté l'intérieur des temples, à la condition de
se déchausser. A Bône, j'ai visité le lieu saint
sans même ôter ma chaussure; il est vrai que le
gardien enlevait devant moi les tapis sacrés, afin
qu'ils ne fussent pas souillés par mes semelles.

Mon itinéraire de retour me fait raser les murs
de la djamma de Sidi-Gourdji, dont le nom vient
d'un affranchi géorgien qui l'édifia près de la Marine. Non loin de là, je croise une escouade d'enfants qui marchent en battant des mains et dont
les voix aigrelettes scandent des hymnes à Allah.
Mon kodak saisit au vol cette procession de petits
sacristains, dont on fera plus tard des prêtres, et
qui s'en donnent déjà l'air grave.

Vers dix heures, comme j'allais me coucher, un
vacarme inopiné s'élève au dehors, et je descends
à la porte de l'hôtel pour savoir ce qui se passe.

Faiblement éclairée par des réverbères au pétrole, l'étroite rue venait de s'illuminer à l'une de ses extrémités et nous assistons au défilé d'une noce arabe.

Les amis du fiancé escortent celui-ci en hurlant ses louanges. D'énormes lanternes vitrées, suspendues à des perches horizontales qui s'appuient sur les épaules des serviteurs, éclairent des visages contractés par l'effort des clameurs. Le cortège, exclusivement composé d'hommes, a laissé la fiancée à la maison conjugale, où elle fait bombance avec ses amies.

La houle de burnous s'écoule et disparaît dans les détours voisins. Mais bientôt les clameurs, qui s'étaient atténuées par la distance, reprennent avec une intensité plus grande. Nous ne tardons pas à percevoir des cris d'alarme: la noce venait d'en croiser une autre et, comme cela arrive en pareille occasion, les deux cortèges s'étaient pris de dispute, nul ne voulant céder l'étroit passage à l'autre. Alors, les louanges s'étaient changées en injures contre la partie adverse, et les lanternes n'avaient pas tardé à voler dans l'espace avec les sandales et les chéchias.

Les *zaptiés* du poste de police séparent les combattants, qui cessent leurs processions pour soi-

MON KODAK SAISIT UNE PROCESSION DE PETITS ENFANTS
CHANTANT DES HYMNES A ALLAH.

gner leurs poignets entaillés et leurs yeux pochés.

Le lendemain, réveillé dès l'aube par le vacarme de la cour et par la grande lumière que les fenêtres sans rideaux laissent arriver à mon lit, je suis très matinal. Pour mettre à profit cette vertueuse avance, j'ouvre mes caisses et m'occupe à organiser la batterie ethnographique et les appareils de photographie.

Tout en maniant les képhalographes, les compas-glissières et les objectifs, je sens l'anxiété m'envahir de plus en plus, à mesure qu'approche le moment où mon sort d'explorateur doit se décider chez le vali.

A neuf heures, M. Lacau vient me prendre. Un cawas nous précède, selon l'usage, pour avertir la foule du passage d'un agent diplomatique ou d'un hôte des consulats. Les représentants des autres nations n'ont pas su donner à leurs gardes un uniforme qui tranchât avec la draperie arabe, de sorte qu'on ne remarque guère leur escorte dans le reste des passants. Les cawas français se détachent nettement, au contraire, par leur costume tricolore et dégagé, qui leur donne une allure martiale. L'amalgame joyeux des couleurs souligne la sveltesse de la tournure, chez ces gardes qui sont tous de beaux Fezzanais, larges d'épaules et minces de taille. Sur leurs visages d'ébène, les yeux blancs et mobiles révèlent une intelligence éveillée et la physionomie tendue indique un entier dévouement.

Je suis inopinément arraché à cette contemplation par un cliquetis d'armes. C'est un poste militaire qui s'aligne pour rendre les honneurs au représentant de la France. Nous sommes arrivés au Château.

Dans la cour qui précède l'antique forteresse informe, les soldats se lèvent tous sur notre passage et saluent à la manière de nos troupiers. Ils font assez bonne impression avec leur mine enluminée et prospère, résultat de la bonne nourriture dont les gratifie l'État; mais quels vêtements, grand Allah! Le plus malpropre de nos conscrits n'oserait aller à la corvée avec l'uniforme râpé que les guerriers du prophète mettent indistinctement à l'exercice, à la faction, à la revue et dans les sorties. A part l'inévitable fez rouge, il n'y a plus trace de couleur sur ces costumes ulcérés de taches et de rapiècements.

Nous pénétrons sous la porte unique qui s'ouvre dans la haute muraille, au-dessus de laquelle s'étage, dans la plus grande irrégularité, un amoncellement de bâtisses aux rares fenêtres. De la base des remparts jusqu'aux dernières terrasses, l'édifice trahit sa vétusté sous sa robe de chaux, et mes regards s'inquiètent de certaines lézardes.

Autant que j'en puis juger par le rapide coup d'œil de mon passage, les Karamanli ont beaucoup ajouté à la construction initiale des chrétiens de Charles-Quint, mais avec quel stupéfiant mépris des lois de l'architecture !

J'éprouve un serrement de cœur en songeant aux crimes nombreux, dont l'ancienne dynastie a souillé cette demeure. La famille d'Atrée n'a pas commis de parricides et de fratricides aussi effroyables que les descendants d'Ahmed Karamanli. On dit que les souterrains ménagent de terrifiantes surprises, aux maçons qu'on y envoie de temps à autre pour nettoyer les citernes : ils trouvent des squelettes humains qui ont gardé l'attitude convulsive de l'agonie et semblent prêts à remuer dans l'ombre.

Hafiz-pacha est un personnage à l'air très doux, qui nous fait traduire ses paroles de bienvenue. Les serviteurs nous remettent la cigarette et la tasse de café traditionnelles.

Tourné vers son interprète, le gouverneur fait en langue turque une longue réponse, où je cherche vainement une consonance indicatrice. L'inquiétude me serre les dents, mais il faut attendre, sans broncher, la traduction du drogman, et je me raidis pour mieux dissimuler tout mouvement d'impatience.

Enfin la sentence du grand juge arrive à mon oreille, dans un français très estropié, qui me paraît en ce moment le plus beau du monde. Non seulement la permission de parcourir les Djebel m'est accordée, mais le pacha voudrait se charger de me fournir des chevaux et de nourrir mes gens. Nous refusons. Hafiz-pacha donne aussitôt des ordres pour qu'on établisse les lettres d'introduction auprès des diverses autorités locales.

On sait que le littoral de la Tripolitaine, proprement dite, entre les deux Syrtes, appartient aux régions basses et désertiques. Mais cette brûlante et molle côte n'est pas le débouché direct du Sahara sur la Méditerranée; elle est séparée du désert par les derniers contreforts de l'Atlas, plateaux de 600 à 700 mètres où se trouvent précisément les antiquités dont je poursuis l'étude.

Grâce à la condescendance du Gouvernement turc, je parcourrai donc ces hautes terres. Je reviendrai à Tripoli par la frontière et le littoral occidental. Dans une deuxième excursion, je visite-

TRIPOLI : LA GRANDE MOSQUÉE ET LE CHATEAU.

rai le littoral oriental avec les ruines de Leptis Magna et le plateau de Tarounha.

Je suis vraiment heureux d'en témoigner ici toute ma reconnaissance à l'aimable Hafiz-pacha, dont le métier n'est pas précisément une sinécure. Responsables devant un maître qui ne badine pas, les valis ont à épier sans cesse les moindres indices d'une infiltration européenne, pour en arrêter les tentatives. Leur surveillance anxieuse doit s'exercer aussi bien du côté de l'intérieur que de celui de la haute mer, car les discordes entre indigènes et la rentrée des impôts donnent au moins autant de tracas. Les luttes sanglantes ne sont pas faciles à empêcher lorsqu'elles éclatent à vingt journées de Tripoli; et les contribuables récalcitrants ne sont pas aisés à atteindre en plein désert. A ces difficultés, vient s'ajouter la rivalité d'influence des sectes religieuses, surtout celle des Senoussi. Cette confrérie aurait déjà ruiné le crédit du sultan, si celui-ci ne baissait prudemment pavillon devant elle. Enfin, la surabondance des troupes et les continuelles sécheresses compliquent le problème sous tous les rapports.

Par cette radieuse matinée de printemps, comme la brise de la Méditerranée me paraît embaumée lorsque nous rentrons par les quais!

A vrai dire, les remparts qui plongent dans la mer ne méritent pas le titre de quai, car ils n'en possèdent guère l'aspect et n'en font nullement l'usage ; mais je les appelle ainsi parce qu'ils occupent l'emplacement où le plus élémentaire progrès exigerait la construction des embarcadères. Comme au temps des premiers corsaires, ces remparts fort épais, qui dominent l'eau d'une dizaine de mètres, ont des parapets si hauts que, de l'étroite ruelle en bordure, on ne peut voir la rade. C'est à peine si l'unique étage des maisons situées sur l'autre côté de ce passage en ravin, dépasse la crête disproportionnée. Ces fortifications, qui ne tiennent aucun compte de la ligne droite et dont la masse naïve ignore les moindres nécessités modernes de la défense militaire, sont pour beaucoup dans l'aspect féodal de Tripoli.

Pour sortir du triste corset de remparts dont sont étouffées les maisonnettes trop tassées de la cité, on emploie le plus souvent la Porte du Pacha, au pied du *château*, parce qu'elle aboutit aux quartiers nouveaux des marchés, des casernes et du jardin public. Quelques pas avant cette voûte passagère, se dresse la Tour de l'Horloge dont le cadran marque l'heure à la turque, c'est-à-dire de une à vingt-quatre, à dater de l'aurore. Ce monument

LES MONUMENTS DE TRIPOLI : LA TOUR DE L'HORLOGE.

quadrangulaire n'a de particulier que les concus-
sions éhontées dont un précédent vali s'est rendu
coupable pour le bâtir : la population indigène a

LES MONUMENTS DE TRIPOLI : LA FONTAINE.

bien versé quatre fois la valeur de la tour avant de
la voir s'élever.

La Fontaine Publique, de l'autre côté de la sortie, est un cube géant, d'où sort un mince filet

d'eau ; mais si faiblement que coule son débit, il a
le mérite de donner la seule eau courante de Tripoli : partout ailleurs, l'élément humide est fourni
par d'antiques citernes. Du reste, cette construction se fait un peu pardonner sa lourdeur à cause
de ses colonnettes angulaires et de sa frise ajourée
qui ne manquent pas de grâce.

Aux abords de la Porte du Pacha, la circulation
animée des promeneurs se heurte au stationne-
ment des consommateurs dans les débits qui em-
barrassent l'entrée du quartier forain.

Là, je suis hélé par dix cochers à la fois, qui
guettent le client et concentrent précipitamment
sur lui leurs carrioles, au risque de l'écraser. Ces
véhicules roulent avec le plus absolu dédain des
nombreux piétons, comme s'ils jalousaient le droit
de télescopage que se sont arrogé nos automobiles.
La première fois, les amateurs que je vis emporter
par ces cages, dans des tourbillons de poussière,
me firent l'effet de souris prisonnières qu'on
secoue avant de les jeter. Rien ne manque à cette
comparaison, ni le cahotement des routes ravinées
et des essieux rigides, ni le bruit de ferraille. De
très loin, cette vieille carrosserie dont Malte s'est
débarrassée en la vendant à des palefreniers
arabes, rappelle nos petits breaks d'été, par leur

toiture plate et leurs rideaux d'andrinople. Mais
on y est aussi secoué que sur un caisson d'artillerie.

L'immense espla-
nade de sable, dont
la mer lèche un cô-
té, tandis que les
autres sont balayés
par les premiers
branchages de la
Mechya, se couvre
de boutiques d'ar-
tisans dans la par-
tie la plus proche
de la ville. Les ate-
liers de harnache-
ment, d'armes, de
corroirie, de sparte-
rie, se groupent dans

FEMME ARABE.

des sortes de caravansérails bien alignés, très espacés, entourés de vérandas en arcades, qui donnent
assez bon air aux avenues sableuses. Dans cette
région, les passants sont surtout des femmes, arabes ou juives, toutes avec le visage voilé et un
massif enroulement d'interminables châles blancs
qui les fait ressembler à des œufs.

Dans l'autre moitié de l'esplanade, la foule change d'aspect. C'est un fourmillement de militaires autour des casernes neuves et du camp. Je passe d'abord devant l'hôtel du maréchal (mouchir) et ses dépendances, où la musique d'infanterie joue en ce moment la *Marche Lorraine*. Jamais il ne m'a fait tant plaisir, cet air guilleret et entraînant, que des trompettes étrangères lançaient en vibrations sonores sur ce coin presque barbare d'Afrique !

On me fait remarquer, près de là, l'endroit où naguère les criminels étaient exécutés ; ceux du moins que les tribunaux vouaient à des supplices terriens, car bon nombre de condamnés périssaient par des noyades dans le port. Je ne suis pas bien certain qu'aujourd'hui même cette concurrence au conventionnel Carrier soit abandonnée. Le bruit court que huit cheiks de tribus mutinées contre un impôt viennent d'être incarcérés dans la frégate du port, avec menace d'engloutissement sous les flots si la rébellion continuait.

Je ne sais à quoi songeait l'ingénieur militaire qui a établi son camp dans un endroit tellement ouvert sur la mer qu'un cuirassé ennemi pourrait pulvériser les baraquements avant d'avoir été aperçu. Mais quoi qu'il en soit, la Turquie entretient là une garnison dont l'importance atteste une ferme résolution de ne pas céder la place.

Il peut sembler tout d'abord étrange que la Sublime Porte marque tant d'attachement à une région aussi déshéritée. Les gouverneurs ont beau planter des oliviers dans quelques districts favorisés, ils ne peuvent se faire de grandes illusions sur un pays que la dévastation arabe et les vents desséchants du désert ont à jamais dénudé : cette unique colonie des Turcs ne peut être qu'une charge. Mais pour peu qu'on réfléchisse, on se rend facilement compte que la question tripolitaine touche au plus vif des intérêts du sultan. Celui-ci se proclame le chef religieux de tous les sectateurs de Mahomet. Or l'Afrique intérieure, du Nil au Niger et de l'Atlas au Congo, a embrassé la foi musulmane. Naguère le pavillon du Croissant flottait librement sur toutes les kasbahs de la Méditerranée et de la mer Rouge ; mais le Maroc devient indépendant, l'Algérie et la Tunisie se francisent, l'Égypte n'est plus qu'une possession anglaise ; les sultanats du Zanguebar eux-mêmes tombent au pouvoir de l'Europe. Pour maintenir son influence sur les innombrables peuplades du continent noir, il ne reste aux Turcs qu'une seule porte d'entrée, la Tripolitaine.

Et l'on sait quelle puissance exerce l'hégémonie religieuse auprès de ces tribus sauvages, que la moindre prédication d'un mahdi hypnotise par millions d'individus.

Sous la muraille basse du camp, je rencontre un homme dont le bel aspect et la noble démarche me frappent aussitôt. Ce Tartare aux grands yeux vifs, à la barbe luxuriante, est un écrivain que les politiciens de Yldiz-Kiosk ont déporté ici. On me désigne, dans la suite de ma promenade, plusieurs autres exilés politiques, Albanais, Arméniens, Kurdes, Macédoniens, indistinctement mêlés dans la Nouvelle-Calédonie ottomane. Seulement la plupart de ces « déracinés » continuent ici les fonctions militaires ou civiles qu'ils exerçaient dans la métropole. Cela s'explique : les exilés de Tripolitaine ne sont pas de vrais coupables, mais les victimes inoffensives de délations sans preuves ou de peccadilles.

Pendant un bon moment, je me demandais ce que pouvaient être trois silhouettes noires que j'avais vues sortir d'une lointaine maison, aux fenêtres épaissement grillagées. Elles me rappelaient les pénitents en cagoule qui suivent les processions d'Italie. Lorsque le mystérieux trio nous croise, j'entrevois au ras du voile facial, des

FEMME TURQUE ACCOMPAGNÉE DE SA SERVANTE.

yeux luisants qui abusent de l'incognito pour se
livrer sur nous à des regards obliques, assez inves-
tigateurs. A leurs costumes sombres et cossus, il
est aisé de reconnaître des dames turques, hono-
rables épouses de riches fonctionnaires.

Quand ses moyens le lui permettent, l'Osmanli
de Tripolitaine fait venir de Constantinople une
jeune compagne avec laquelle il contracte son
deuxième ou son troisième mariage, ayant eu bien
soin de laisser au pays les femmes des premières
noces, sous prétexte qu'elles sont nécessaires à
l'éducation des enfants.

Ce sont les plus vieux barbons qui recherchent
les plus tendres adolescences.

L'an dernier, notre vali lui-même a voulu rajeu-
nir son foyer, et il s'est fait expédier du Bosphore
un bijou vivant. La mer était très mauvaise le soir
où le navire de l'almée arriva en rade, et le pilote
dut accomplir des prouesses pour débarquer son
précieux colis sur le ponton du château. On pré-
tend que cela lui a valu une récompense princière.
Il faut bien que les voiles de la fiancée se soient
un peu écartés pendant les violents tangages du
canot, car les rameurs parlent de sa beauté comme
s'ils en avaient encore l'esprit troublé.

Il est notoire que les grandes dames de Constantinople ne sont pas toujours irréprochables. Je n'apprends pas grand'chose au lecteur en lui racontant que les élégantes de Stamboul ne craignent pas d'aller se travestir en Européennes, dans des magasins à la mode aménagés pour cet usage, et d'entreprendre à Péra les plus compromettantes promenades.

Abdul Hamid adore les potins de ce genre et charge ses ambassadeurs de lui tenir un journal de la chronique scandaleuse; mais la provinciale Tripoli, où il est impossible de se mouvoir sans attirer les regards indiscrets, ne se prête guère aux aventures romanesques.

Je rentre à mon gîte par l'étroite ruelle intérieure des remparts, de manière à parcourir le quartier juif avant le coucher du soleil. La muraille d'enceinte est si haute et serre de si près les masures, que le passage ressemble au chemin de ronde d'une prison. On rencontre par là certaines retraites arabes dont les portes se ferment, sur le passage des Roumis, avec une violence et une unanimité qui feraient la joie de M. le sénateur Bérenger.

Dans les remparts mêmes, quelques boulangers inventifs ont trouvé assez d'épaisseur pour creuser leur four, et c'est tout ce qui reste de vie aux fortifications jadis garnies de pirates hardis.

Le Ghetto tripolitain est désigné par les habitants eux-mêmes sous le qualificatif de *Hara*, que traduit littéralement le mot énergique lancé par un célèbre général français sur un non moins célèbre champ de bataille. C'est dire l'état de malpropreté, la puanteur de ce populeux dédale, où les murs suent l'ordure, où la chaussée est une pourriture déliquescente. Et, dans ces cloaques parfois ombragés par des treilles, je vois essaimer, barbouillés de crasse et de boue, les plus ravissants bambins du monde.

Sur ce bourbier malsain, plusieurs milliers d'israélites vivent de leur très modeste trafic de denrées, au milieu des appels assourdissants, des rires, des jurons, parmi les bousculades, les écroulements d'auvents et de guenilles, à travers des monceaux de légumes, des paniers de poissons, des plateaux de viande, des sacs de pains safranés, qui obstruent partout le passage. Cependant les belles couleurs ne manquent pas dans cette lamentable cohue, grâce à la verdure aiguë des pastèques, à l'incarnat des tomates, à l'or des poivrons, aux éclats métalliques des aubergines; grâce aussi au brillant bariolage des foulards dont se coiffent les fillettes aux grands yeux de velours. Au-dessus de cette saleté volontaire, le ciel semble verser avec ironie son impassible et éclatante limpidité.

Les habitants de la *Hara* passent pour inférieurs à leurs coreligionnaires tunisiens et algériens, au point de vue intellectuel. On dit aussi qu'ils se préoccupent beaucoup plus de conserver leurs coutumes locales que d'observer les préceptes bibliques. Il est à remarquer, en tout cas, que leur grand rabbin joue plutôt le rôle d'un chef politique, dont l'occupation consiste à exercer la police, à récolter les impôts et à infliger les châtiments.

La moindre promenade dans les rues animées de Tripoli suffit à montrer que les autres races y sont aussi pauvres que les Juifs. Les familles maltaises elles-mêmes manquent d'argent, autant qu'elles abondent en progéniture : la plupart se composent d'une ribambelle de filles à marier qui vivent d'oignons et déguisent chaque dimanche leur malaise financier sous un tapageur attifage de calicots inférieurs. On rencontre des négresses maigres accompagnées d'une demi-douzaine de marmots nus. Les vieillards arabes, dont le teint rappelle les pipes d'écume bien culottées, et dont des rides profondes strient le visage, accostent

INTÉRIEUR D'UNE MAISON HABITÉE PAR UNE FAMILLE MALTAISE.

sans cesse les passants en implorant la charité,
tandis qu'avec une persistance de guêpe, les
vieilles femmes bourdonnent leurs complaintes
contre les portes des habitations, pendant de longues pauses, comme si elles avaient le nez pris
dans l'embrasure.

Les moins généreux donnent, par dépit de ne
pouvoir faire cesser ce harcèlement. D'ailleurs les
musulmans jettent facilement l'aumône. Certains
rigoristes poussent même le scrupule jusqu'à faire
souvent le relevé de leur avoir pour en distribuer
exactement le dixième aux pauvres, selon les
prescriptions du Koran. Leur bienfaisance va de
préférence aux mendiants âgés, de sorte que les
jeunes quémandeurs se rabattent sur les étrangers.
Dès la sortie de votre demeure, une nuée de petits
pauvres vous assaille comme des mouches, et si
vous donnez à quelques-uns, il n'est plus de pouvoir humain capable de disperser le tourbillon.

Il résulte de cette pauvreté générale que la vie
est à un bon marché extraordinaire. Les compagnies de navigation devraient bien recommander
ce *trou pas cher* aux bonnes ménagères. On peut
vivre comme un prince avec les appointements
d'un de nos commis de magasin. A ce propos, on
m'a conté qu'un richissime banquier de Londres,

ayant à se plaindre de son fils, l'expédia à Tripoli avec une pension mensuelle de trois cents francs. Il pensait mettre ainsi son prodigue héritier à une gêne salutaire. Mais la pension paternelle équivalait ici aux revenus d'un boyard et le jeune exilé se trouva plus riche que jamais[1].

Quelle est la situation sanitaire d'une population aussi dense, aussi sale et aussi pauvre? Je suis agréablement surpris d'apprendre que les épidémies y sont devenues rares dans ce siècle et qu'il n'y a pas de maladies endémiques. Ce phénomène est surtout l'œuvre du climat favorisé dont jouit la ville, construite sur un promontoire battu de tous les côtés par les vents de mer. Les souffles méditerranéens nettoient quotidiennement les rues empestées du port.

La température s'y maintient dans une clémente moyenne qui la recommanderait aux souffreteux de Menton. Jamais elle ne descend plus bas qu'au Caire, et la glace n'y fut connue que par quelques flaques congelées pendant l'hiver de 1880. Même en été, la chaleur ne dépasse guère 30 degrés,

---

1. D'après un rapport consulaire, le mouvement du commerce général de la Tripolitaine (importations et exportations), a été de 19 883 000 francs en 1899 et de 22 950 000 francs en 1900.

sauf pendant les bourrasques de simoun. Le ciel
se rembrunit à peine en décembre et janvier pour
faire au sol desséché la grâce de quelques ondées
intermittentes. Mais ce climat paradisiaque est
une exception absolument unique sur tout le littoral du vilayet. A peine s'est-on éloigné de la rade,
que l'air s'échauffe et se dessèche. Dès l'oasis
mitoyenne de Tripoli on a la respiration plus
gênée. A cinq kilomètres du port, la fournaise
saharienne vous suffoque pendant le jour, alternant avec les nocturnes et brusques sautes de
froid.

La nostalgie de Stamboul inspire aux Turcs peu
de goût pour leur port colonial. Ils en viennent,
les ingrats, à médire de son climat providentiel!
Ils se plaignent de tout, d'une goutte de pluie, du
calme atmosphérique et de la moindre brise. Cela
tient à ce qu'ils sont hantés par la crainte de ne
jamais revoir le Bosphore, leur séjour en Afrique
n'ayant pour toute réglementation que le caprice
du sultan. Tandis que nos résidents coloniaux
sont garantis par un fractionnement de stages
triennaux et par une retraite exactement datée, le
Gouvernement turc ne donne des congés et de
repos définitif que s'il lui en prend fantaisie. Cette
désinvolture du pouvoir central remplit d'anxiété

les dernières années de chaque carrière. Il faut
voir les vieux mécontents, les jours où le sirocco
fouette le port de ses rafales de sable avec une
telle violence que la poussière rouge s'infiltre
dans les demeures les mieux closes, et que les
matelots doivent balayer constamment le pont des
navires en rade! Alors ces bons vieux se croient
perdus.

Sans doute, ces pluies de sable sont irritantes
au dernier degré et font passer de vilaines heures,
mais c'est en somme l'exception. Les plus beaux
pays du monde n'ont-ils pas aussi leurs jours de
malaise? Et bien plus fréquents sont les mauvais
moments sur notre délicieuse Côte d'azur. lorsque
l'affolant mistral hurle dans les forêts de pins.

CHAPITRE II

L E surlendemain de mon arrivée, je suis invité à prendre part à un pique-nique organisé par les consulats de France, d'Angleterre et d'Italie. On sait que ces trois nations entretiennent à Tripoli des Consuls généraux, la première à cause du voisinage de la Tunisie, la seconde pour la protection de ses sujets maltais, la troisième dans l'espoir d'imposer son hégémonie commerciale.

Nous nous rendons à des grottes que d'anciens carriers ont creusées à l'ouest de Tripoli, sur le bord de la mer. D'abord nos voitures courent sans bruit, enfoncées jusqu'aux moyeux dans le sable de la plage. Nous passons ainsi devant la cahute de maçonnerie, où atterrit le câble de Malte qui met Tripoli et Benghasi en communication électrique avec l'Europe. Dans son opiniâtre préoccupation d'isoler la colonie, le Gouvernement turc maintient les tarifs les plus exorbitants pour les câblogrammes et ne transmet jamais les dépêches en langage conventionnel. Aussi, les négociants préfèrent-ils employer le bureau français de Djerba, sur la frontière tunisienne. Leurs *petits bleus*, portés jusque-là par les bateaux à vapeur, mettent quelques heures de plus à parvenir, mais ils coûtent douze fois moins cher et échappent au contrôle de la police.

A Gargarech, une ruine qu'on nomme le « Fort espagnol », se dresse à côté d'une petite oasis. En cet endroit, la route est une large avenue durcie, cannelée d'ornières profondes, entre des berges de sable. Ce ruban de conglomérat, dans la plaine friable, n'a probablement pas eu d'autre cantonnier que la foulée incessante des piétons, des chameaux et des ânes.

Combien nous paraît apaisante la pénombre des grottes où le couvert se trouve mis, sur le sol, presque aussitôt après notre arrivée! Dans cette champêtre académie polyglotte, chacun se sert indistinctement de son langage maternel ou de celui des voisins. Après le repas, deux gentlemen organisent des jeux sportifs très animés. Je profite d'un répit pour sortir du cirque de rochers où les jeux étaient établis; je m'éloigne un moment tout

LE FORT ESPAGNOL A GARGARECH.

seul dans la plaine et je contemple, ébloui, la flamboyante dorure du littoral qui se dégrade, vers la Tunisie, dans un abîme d'azur.

Pas un navire sur les flots! Pas une trace de vie sur le rivage! Je me sens envahir par une sorte de vision historique qui prend les formes de

la réalité. Transporté à trente siècles en arrière,
il me semble distinguer, vers l'orient, des voiliers
qui s'avancent par flottilles. Ce sont les Phéniciens
qui en débarquent et couvrent les plages des produits de l'Asie, qu'ils échangent contre ceux des
noires caravanes Garamantes; aux points d'atter-
rissage, les ports se creusent, les jetées s'allongent.
Puis, de lourdes trirèmes surviennent du nord et,
de leurs flancs rebondis, se répandent des guerriers aux cimiers étincelants : ce sont les Romains,
héritiers de Carthage, qui établissent à Leptis,
à Œa, à Sabratha, des débouchés pour les champs
d'oliviers et s'en vont planter des vignes sur les
hautes terres. Une longue prospérité transforme
alors les solitudes en campagnes populeuses et
les bourgades de chaume en cités de marbre. Soudain, vers l'occident, les Vandales surgissent,
dans un nuage de poussière, et les remparts
s'écroulent sur leur passage, jusqu'à ce que Béli-
saire accoure pour refouler ces hordes. Un instant,
la vie reprend avec les empereurs et les évêques
de Byzance; mais une autre invasion, bien plus
formidable, fait irruption des plages opposées.
Ce sont d'innombrables cavaliers, vociférant en
langue arabe, qui massacrent les indigènes, réduisent les villes en poussière, stérilisent toutes

les plantations jusqu'aux vallées les plus reculées des Djebel. Le sang et la ruine marquent partout leur passage, et quand ils plantent en maîtres les étendards du Prophète, le silence s'est fait pour toujours dans les terres et sur le rivage. Le coup mortel a été frappé. En vain, les matelots espagnols de Charles-Quint viennent-ils ensuite bâtir des forteresses pour les chevaliers des croisades, la patrie des Hespérides est désormais vouée à l'éternelle désolation. Les Turcs chassent la dernière tentative chrétienne de l'ordre de Malte et transforment les antiques emporia en foyers de piraterie. Dépossédés par le funèbre guet-apens des usurpateurs Karamanli, ils ne tardent pas à revenir, pour fermer ces côtes infortunées à la civilisation européenne, juste au moment où celle-ci prend son plus bienfaisant essor avec le siècle de la vapeur et de l'électricité.

Si la Tripolitaine a eu sa période de félicité autrefois, elle le paie cher aujourd'hui. On peut dire d'elle qu'elle a mangé son pain blanc le premier. Et la ration actuelle de son pain noir n'est pas copieuse. J'ai beau fouiller du regard l'horizon, vers l'intérieur, je ne découvre guère que du sable.

Cependant, comme il y a un puits à 200 mètres

de moi, le paysage se trouve momentanément animé par une petite caravane qui s'y rafraîchit. Je me dirige vers elle.

Les Arabes se lèvent. Parmi eux, un nègre sait un peu d'italien, et je me sers de lui pour échanger quelques mots de conversation. Ces errants me racontent qu'ils viennent de Rhadamès. Ils ont beaucoup souffert de la soif avant d'atteindre les monts Nefousa, au point qu'ils ont dû tuer deux chameaux pour boire l'eau emmagasinée dans l'estomac de leurs bêtes. Pour comble d'adversité, l'un des Arabes a contracté une maladie de poitrine, pendant les nuits fraîches des hauts plateaux : il serait mort sans le lait de chamelle qui constitue le plus puissant remède contre ces affections.

Sur la chaussée rugueuse, les chameaux se sont agenouillés. Leur pelure est si râpée, si terreuse, que la bête se confond presque avec les guenilles de son chargement. Rien de plus bizarre que de voir sortir d'un monceau de sacs, ce long cou tubulaire qu'on prendrait pour un serpent boa avec une tête de brebis.

Il est bien laid, il a l'air bien minable le « vaisseau du désert », lorsqu'il revient d'un long voyage. Ce n'est pas l'allure de sa marche qui l'a fatigué, car il franchit à peine 4 kilomètres à

PUITS ET ABREUVOIR DE LA MECHYA.

l'heure; mais il transporte des ballots énormes.

Ces pauvres wagons vivants ne s'arrêtent à peine que deux heures sur vingt-quatre pour dormir à genoux, tels que je les vois en ce moment devant moi. Toutes les nuits, ils cheminent, tandis que leurs conducteurs sommeillent béatement sur eux. Combien plus heureux est son cousin le *méhari,* qui trotte lestement avec un seul et unique cavalier pour chargement!

Deux des ruminants sont si fatigués que leur maître les a soulagés de leurs ballots pour cette dernière journée. Comme l'Arabe n'est susceptible d'aucune sensibilité envers les animaux, je pense que, dans cette occasion, le propriétaire a redouté surtout de compromettre la vie rémunératrice de ses chameaux. Ceux-ci n'ont, en effet, presque plus de bosse, et l'on sait que c'est mauvais signe, lorsque cette réserve de graisse a été automatiquement consommée par l'animal pendant les longues privations de nourriture. L'appendice dorsal étant le thermomètre de la santé chez ces bêtes infortunées, on juge, à son état, de la longueur des routes parcourues et des poids endurés. Une bosse bien pleine prouve que le possesseur sort d'une période de bon repos et de bons repas. Mais gare au caravanier qui ne s'y prend pas à temps pour faire revenir sur l'échine de la bête, qui en a été déparée, cette bonne mine en relief!

Comme nous rentrions à Tripoli, un événement, qui faillit tourner au tragique interrompt subitement la gaieté. Les voitures venaient de dépasser un fortin occupé par des artilleurs ottomans, lorsqu'un soldat ivre brandit un couteau et assaille une des voitures. La lame effleure la poitrine de la comtesse Mancinelli, femme du consul italien de Benghasi. En un clin d'œil le Turc est terrassé et garrotté. Ce fanatique était un de ces mauvais sujets, dont la Turquie se débarrasse au détriment de la Tripolitaine. Pieds et mains liés, le gredin cherche encore à mordre. Durant le trajet, au fond du caisson où on l'avait enfoncé, il ne cesse de blasphémer contre les chrétiens et de les menacer de mille atrocités.

Le maréchal et le gouverneur, chez lesquels on conduit le prisonnier, se montrent très affectés de l'incident. Ils se confondent en excuses et expliquent qu'une récente importation de trois cents disciplinaires vient d'empoisonner l'armée locale.

Nous n'en étions pas moins devant une manifestation flagrante du fanatisme musulman et de l'animosité contre les étrangers. L'exaltation religieuse, soigneusement entretenue par les sectes, n'a pas eu l'occasion de s'assouvir sur les chrétiens pendant ces dernières années. Mais sitôt qu'un mahométan se déclare chrétien, il est assassiné par ses anciens coreligionnaires. Une pauvre vieille femme a été récemment victime de cette intolérance. Elle pratiquait, avec mille précautions, la religion des Roumis, lorsque l'affaire fut éventée. Deux forcenés guettèrent la malheureuse pendant plusieurs jours, pour la tuer sans être vus, car les consuls n'auraient pas manqué de réclamer le châtiment des meurtriers. Ils la surprirent un soir dans une maison isolée des environs et lui déchargèrent, à bout portant, leurs fusils dans la tête.

Les pèlerinages de La Mekke sont le principal moyen employé par les confréries pour entretenir le zèle religieux. Chaque année, celles-ci envoient de Tripoli plusieurs centaines de fidèles au tombeau du Prophète. Les groupes partent en décembre et reviennent en avril, sur des bateaux anglais, frétés pour leur usage exclusif.

L'administration ottomane semble voir de très bon œil ce fanatisme toujours prêt à se déchaîner contre les nations chrétiennes. M. Gabriel Charmes qui se trouvait à Tripoli lors de la conquête de la Tunisie, a surpris les officiers turcs conduisant

eux-mêmes des émeutes patriotiques devant les
consulats et présidant à des entreprises tapa-
geuses, pour mettre la place en état de défense.
Au bruit de la musique militaire, les musulmans
se livraient à des manifestations significatives, ils
emboîtaient le pas aux régiments turcs et manœu-
vraient pêle-mêle dans leurs rangs. Les cheiks ne
quittaient plus les colonels, leurs plus humbles
administrés affectaient de saluer militairement.
Aussitôt que dix fidèles se trouvaient rassemblés,
ils parcouraient les rues aux cris de : « Mort aux
chrétiens! ».

On dut même, pour satisfaire la population,
expédier un *liva*[1] sur la frontière tunisienne. Les
bataillons et la batterie quittèrent la ville au milieu des plus frénétiques ovations. Le colonel
revint en racontant qu'il avait fait tenir au général
Logerot le langage suivant : « Fais-moi le plaisir
de t'en aller au plus vite, ou je t'écrase », et que
les troupes françaises s'étaient enfuies en toute
hâte.

Aujourd'hui l'animosité est momentanément
assoupie, plutôt qu'éteinte. Les mahométans du
vilayet s'imaginent sans doute que les Européens

1. Colonel.

ont eu peur d'eux et n'oseront jamais venir. Ils sont si fiers de leurs canons du Moyen Age, qui couronnent des forteresses antédiluviennes et qu'ils ont peints en gris pour dissimuler la rouille ! Un matin, plusieurs de ces artilleurs improvisés furent écrasés par une pièce en essayant de la hisser sur les créneaux. D'autres camarades, loin de se décourager, continuèrent le travail avec un redoublement d'admiration pour cette arme « si redoutable que, même déchargée, elle tuait des hommes ».

J'achève cette journée par la visite du fameux arc de triomphe romain, qui constitue l'unique vestige de l'antiquité dans Tripoli. A ce moment, le soleil couchant dore la forteresse ronde et basse, qui porte le « Phare français ». C'est avec raison qu'on la désigne sous ce nom, puisque son feu marin est dû aux instances réitérées d'un de nos agents, ainsi que les autres feux turcs de la côte africaine, Homsk, Derna, Benghasi. Avant 1880, il n'y avait pas un seul signal nocturne sur le rivage tripolitain.

L'arc de triomphe en question est un monument superbe, dont les indigènes ont fait un cabaret. A moitié enfoui dans le sol, il paraît encore grandiose. Trois des quatre arcades de cet édifice carré ont été murées; on ne peut guère voir que la façade restée ouverte, parce que les échoppes serrent de trop près les autres. Même à Rome, on ne trouverait pas un arc de triomphe composé de blocs de marbre blanc aussi gigantesques. On se demande d'où proviennent de pareils matériaux, d'autant plus que loin à la ronde, on ne connait aucune carrière de cette pierre. On est encore plus surpris de constater que ces blocs ne sont retenus les uns aux autres par aucun ciment. Des crampons de fer invisibles suffisent à maintenir inébranlablement cet édifice dix-huit fois séculaire. Il a été bâti en l'honneur des empereurs Marc-Aurèle et Vérus, comme le montre une inscription d'initiales où l'auteur a voulu rappeler les noms de ces souverains.

J'y admire des figures, des festons, des trophées d'armes que le temps a malheureusement rendus frustes. A l'intérieur, le plafond sphérique est brodé de ravissants reliefs. Puisque les archéologues du monde civilisé n'ont pas la permission d'opérer des fouilles en cet endroit, il est heureux que la moitié inférieure du monument reste protégée provisoirement par la terre. Les surfaces visibles de la pierre dont est composé l'arc triomphal, se détériorent beaucoup à l'air. Pour m'en

L'ARC DE TRIOMPHE ROMAIN DE TRIPOLI TRANSFORMÉ EN CABARET.

rendre compte, je n'ai qu'à comparer ce qui reste devant mes yeux, avec les richesses artistiques que Lemaire y a contemplées, sous Louis XIV. Il avait alors des médaillons de consuls romains, un Alexandre tiré par deux sphinx et des troupes d'esclaves, en hauts reliefs, sur les frontons des portes.

On ne peut accuser les indigènes d'avoir endommagé l'édifice. Ils n'oseraient en soustraire une pierre depuis qu'une prophétie menace des plus terribles châtiments celui qui le tenterait. La ville tout entière suivrait, affirme-t-on, le malheureux dans la disgrâce, comme le prouve une légende dont je crois deviner les inventeurs dans les missionnaires anciens. Pour sauver le chef-d'œuvre romain de la ruine, ces moines ont fait courir le bruit que naguère un pacha ayant ordonné sa démolition, un terrible tremblement de terre se fit sentir dès que la première pierre se trouva descellée. Comme les ouvriers allaient continuer leur œuvre néfaste, un ouragan de sable les ensevelit, et l'on entendit des voix qui menaçaient tous les habitants d'une mort pareille, le jour où l'arc n'existerait plus. Depuis lors, la pierre descellée est restée sur les lieux, sans que nul osât y toucher, même pour la remettre en place. Mais on boit ferme à l'intérieur....

La Tripolitaine est en effet la plus fertile productrice de superstitions. Tout y est magie, sortilège, envoûtement, maléfice. Quand les nourrices manquent de lait, elles accusent le *djardoun*, un petit lézard très inoffensif, d'avoir tari la source en passant sur leur sein pendant leur sommeil. Alors, elles se mettent à la recherche de sorciers qui leur extorquent des présents sans apporter aucun soulagement à leur détresse.

Si un arbre périclite, on brûle à son pied trois têtes de moutons encore garnies de leur laine, afin de *nourrir* le végétal malade. Pour obtenir plus de fruits d'un olivier paresseux, on lui graisse la patte comme à un vulgaire fonctionnaire : on introduit dans un trou de l'écorce un peu d'or. Le trou est rebouché avec de la terre glaise et des coquilles d'œuf, puis on chante des versets du Koran autour de l'arbre. Les incantations les plus grotesques s'emploient pour demander la pluie : on creuse des fossés et l'on y jette soixante-dix outres dont chacune doit contenir mille petites pierres. Toutes ces momeries, savamment exploitées par les sorciers, ne trouvent pas d'incrédules parmi ces superstitieux qu'aucun échec ne rebute.

Je fus très courtoisement convié à visiter le quartier militaire, et lorsque j'y arrivai, un matin de clair soleil, je trouvai un groupe d'officiers qui m'y attendaient. Cette caserne est un bâtiment moins maussade que ses similaires d'Europe, parce qu'elle ne s'élève que sur un étage et parce qu'elle resplendit de badigeon neuf. Le camp, étalé sur la pente qui relie l'esplanade maritime au circuit surélevé des oasis, offre un aspect fort gai, avec ses tentes, ses terrasses bordées de cactus, ses kiosques d'officiers, ses baraquements d'où la fumée des cuisines tourbillonne en spirales d'or, sous la pluie des rayons solaires et parmi le clapotement écarlate des drapeaux. C'est une résidence vraiment agréable. Il y règne une grande animation, parce que le corps expéditionnaire l'occupe avec ses principaux effectifs.

La Turquie entretient en ce moment huit mille hommes dans les deux vilayets, une moitié pour celui de Tripoli et l'autre moitié répartie dans la Cyrénaïque et dans le Fezzan; le tout, sous les ordres d'un maréchal indépendant des valis. Les batteries d'artillerie et les escadrons de cavalerie ne quittent presque jamais le port. Quant à l'infanterie, elle se dissémine dans les fortins de l'intérieur, par bataillon, compagnie ou section, suivant l'importance des centres administratifs.

Mes guides me font d'abord assister aux manœu-

vres de la cavalerie, qui se recrute volontairement
parmi les Koulougli, c'est-à-dire les métis de Turcs
et de femmes indigènes. Beaucoup d'Arabes pro-
fessent du mépris pour ces serviteurs trop em-
pressés des conquérants osmanlis et les accusent
de toutes sortes de méfaits. Ils m'ont intéressé au
point de vue militaire, lorsque leurs interminables
lignes se sont déployées, avec assez d'ensemble,
pour prendre des formations de combat. La régu-
larité de ces mouvements ne rappelle qu'imparfai-
tement nos dragons et nos hussards, mais il a fallu
sans doute un grand effort pour arriver à ce
résultat relatif, car les allures des musulmans
africains sont les plus difficiles à discipliner. Le
mérite en revient à un major prussien qui porte
ici le titre de général, mais auquel on ne confie
aucun commandement effectif, puisqu'il est chrétien.

Les compagnies d'infanterie exécutent le manie-
ment d'armes avec une très insuffisante précision.
Elles figurent mal dans la parade, mais leur tournure est celle de soldats énergiques et déterminés.
Je crois sans peine que les officiers obtiennent de
leurs hommes les plus grands sacrifices, grâce au
fanatisme religieux. Cette forme spéciale du
patriotisme turc est un levier d'une extrême puis-

DÉFILÉ DE TROUPES TURQUES DANS LES RUES DE TRIPOLI.

sance qui ferait un héros de l'individu le plus poltron : or l'Osmanli est naturellement brave. Il a prouvé sa valeur dans la guerre contre les Russes, quand il se faisait écharper sans broncher par un ennemi bien supérieur en nombre, auquel il résista jusqu'à la dernière cartouche.

Presque tous les médecins et les vétérinaires sont d'origine grecque et appartiennent au rite orthodoxe. En se présentant à moi, ils ont soin de se prévaloir de la qualité de chrétiens. L'un d'eux, qui a fait ses études à Paris, me sert obligeamment d'interprète ; une certaine intimité s'établit vite entre nous, et je lui demande s'il est vrai que l'armée turque soit souvent privée de sa solde. Il m'avoue que les appointements des officiers et le « prêt » de la troupe arrivent avec un retard constant, mais il affirme que jamais aucun intéressé n'a été frustré d'un centime. Les officiers doivent attendre que leur première année soit écoulée pour commencer à en toucher le traitement, mais celui-ci leur arrive alors très régulièrement par mensualité pendant l'année suivante, qui sera payée à son tour comme l'a été la précédente. L'État est leur débiteur de douze échéances mensuelles jusqu'au moment de la retraite, où tout est réglé à bref délai. Le souci de la nourriture est enlevé à

tous par la *ration*, que chacun touche très régulièrement et en quantité suffisante. Les soldats
libérés sont toujours indemnisés de ce qui leur
revient, soit au moment de la rentrée dans les
foyers, soit dans l'année qui suit. Mon interlocu-
teur me fait observer que ces procédés sont excel-
lents, parce qu'ils assurent une première mise de
fonds aux hommes qui ont terminé leur service et
n'ont pas encore trouvé un emploi.

Les appointements de la troupe sont très modestes, ceux des officiers aussi; mais au bout du
compte ils doivent se trouver plus riches que les
militaires d'Europe, car ils mènent la vie la plus
simple et la plus frugale qu'on puisse imaginer. Le
moins difficile de nos sous-lieutenants ne se con-
tenterait certes pas de la *popote* et du mobilier qui
suffisent au bonheur des colonels turcs.

J'ai passé deux bonnes heures dans le camp et
ses dépendances. Autant qu'il m'a été donné de les
observer, les officiers s'occupent peu de la partie
scientifique du métier, et bon nombre d'entre eux
ne la soupçonnent même pas. On m'a montré un
chef de bataillon qui ne sait pas signer son nom.
Un lieutenant, me voyant manier un baromètre
anéroïde, me demanda la permission d'y régler sa
montre. Lorsque je lui expliquai que l'instrument

mesurait la pression atmosphérique et qu'on en pouvait déduire l'altitude du sol, il me regarda de l'air mécontent d'un homme dont on se moque.

Même certaines parties de l'instruction pratique se trouvent négligées, lorsqu'elles exigent un trop fort appoint du budget. Ainsi, les tirs s'exécutent le plus souvent d'une manière fictive, afin d'économiser les cartouches. Le conscrit met en joue son arme vide et l'instructeur passe derrière, pour juger d'après sa position, du nombre de balles qui auraient atteint le but.

A l'effectif militaire, il **faut** ajouter le corps de police, les zaptiés, qui jouent le rôle de gendarmes, mais ne font pas partie de l'armée. Les indigènes redoutent beaucoup ces pandores et leur obéissent à la baguette.

Comme dans toute l'Afrique septentrionale, les Arabes de la Tripolitaine se divisent en populations sédentaires et en tribus nomades. Je traiterais volontiers les premier de sybarites à côté des autres, dont la dure existence n'est qu'un rudiment de vie humaine.

Ce sont ces pâtres errants qui ont détruit les forêts pour convertir le sol en pâturages. Ils y ont employé dix siècles, mais leur œuvre déplorable a été complète. Les derniers coups de hache ne datent pas de longtemps, puisque Barth a vu des **restes** de végétation arborescente **sur** le plateau de Tarounah, où je n'allais plus rien retrouver. **Groupés** en vastes familles (Oulad-Ali, Zouiya, Abeïdat, Hassa, Echteh, Mogharba, Kris), ils peuplent les basses terres et remontent **parfois** jusqu'aux oasis du véritable Sahara.

Un soir, la fantaisie me prend d'entrer dans un bain maure. Au dedans, c'est la nuit à peu près complète. Tout ce que l'œil peut discerner donne l'impression d'un intérieur de grotte, où la buée chaude vous saisit à la gorge. Dans cette étuve sombre, les corps drapés de peignoirs s'estompent comme des phosphorescences et semblent des fantômes dantesques. La chaleur y est telle que je ne puis aller jusqu'à l'invisible piscine qui bout tout au fond et d'où sortent les sosies des Ugolins et des Cavalcanti. Après leur immersion dans le liquide brûlant, les baigneurs s'allongent pêlemêle sur le sol en attendant que leur peau sèche. En jetant là des carottes et des navets, on se croirait dans un pot-au-feu. Je me sauve bien **vite**, impatient de retrouver l'air du dehors.

A la sortie, je me heurte à deux amateurs qui se font épiler les cheveux avec de la chaux **vive** et de la pierre ponce. Leur chien croit que je leur veux du mal et me menace de ses crocs. C'est le premier représentant de la race canine que je remarque dans les rues. Il y en avait des quantités au siècle dernier, lorsque les zaptiés des Karamanli dressaient des *chiens de police* et que ces animaux jouaient le rôle de sergents de ville.

En ce temps-là, les hommes étaient plus à plaindre que les bétes, à Tripoli, car l'esclavage y sévissait dans toute son horreur. On sait que ce furent les riverains espagnols, français et italiens de la Méditerranée qui peuplèrent les bagnes de la Barbarie pendant trois siècles. Plusieurs de nos villages provençaux conservent le souvenir de ces brusques irruptions des Sarrasins qui surgissaient, la nuit, sur les plages, pillaient les bourgades, massacraient les défenseurs et enfouissaient les autres habitants dans leurs cales pour les amener ici. A leur débarquement dans le port, les captifs étaient couverts de chaînes, puis vendus publiquement à des maitres qui les astreignaient à de rudes travaux. Un bien petit nombre seulement d'entre eux parvenaient à se racheter, car les pirates exigeaient des rançons exorbitantes. Nous avons sur ce sujet une foule de récits poignants, racontés par les victimes elles-mêmes. Le danger était tel que, même sous Louis XIV, il y eut des villages assaillis sur le littoral de Provence, sans que la force armée du grand roi pût y porter remède. Il fallut la déchéance de l'empire turc pour que ces audacieux forfaits prissent fin.

Dès mon arrivée, je m'étais mis à mensurer les nègres de toute provenance, pour satisfaire à un désir de nos savants du Muséum.

Je dois avouer que la satisfaction d'être utile aux anthropologues n'est pas sans mélange quand il faut toucher des corps aussi malpropres que ceux de ces nègres. Certes M. Bertillon, quand il mensure les chevaliers des boulevards extérieurs, ne palpe pas toujours des peaux très fraîches; mais je doute qu'il ait à promener ses instruments sur autant de crasse croûteuse et de sueur nauséabonde. De chacun de mes clients se dégage une odeur écœurante. Une fois les guenilles et les amulettes écartées, la saleté se détache de l'épiderme par écailles et saupoudre le nickel des instruments. On ne peut rien imaginer d'aussi répugnant, et je crois qu'on n'aurait pas le courage de continuer sans la profonde commisération qui vous attire vers ces souffreteux amaigris par les privations.

Entre chaque séance et le déjeuner, je m'accoude sur le parapet des remparts maritimes. Je

-me poste pour cela devant l'unique échancrure qui laisse apercevoir la surface de la mer et je contemple cette féerie de lumière qui donne aux détails des bateaux et des écueils un éclat de rubis, de topaze et d'émeraude, et qui transforme ce panorama en un véritable écrin de pierreries. Un peintre pourrait **rêver** là pendant des heures. Les affreuses sirènes et les ternes fumées des bateaux à vapeur y mêlent rarement leur prosaïsme, car la plus grande partie du mouvement maritime consiste dans le cabotage des voiliers et les barques des pêcheurs d'éponges.

La navigation rapide n'est représentée que par le paquebot français de la Compagnie Touache, alternant avec un paquebot italien de la Compagnie Rubbattino. Il y vient parfois aussi un bâtiment grec ou anglais pour prendre les cargaisons d'alfa, mais ces exceptions ne réussissent pas à détruire l'aspect primitif de ce port, resté tel qu'il était lorsque ses équipages de forbans écumaient les mers.

Je ne ferai pas aux forteresses de Tripoli l'injure de les croire assez ridicules pour prétendre à la défense sérieuse de la place. Ces bâtisses ont eu leur période de triomphe et même de gloire. Il faut laisser dormir au bon soleil de la plage ces invalides encore pittoresques. Mais on ne saurait s'empêcher de rire en voyant l'humble frégate en bois que la marine turque maintient pompeusement au milieu du port, pour exiger le salut des pavillons étrangers et jouer le rôle de défense mobile. Il n'y a pas de plaisanterie qu'on n'ait faite sur cette bienheureuse frégate.

La rade, entourée de récifs du côté du nord, est un mauvais abri. Il y a des jours où les paquebots hebdomadaires n'y peuvent jeter l'ancre, et doivent s'en retourner sans débarquer les voyageurs ni les marchandises. C'est ce qui est arrivé au consul actuel d'Angleterre et à sa famille, lors d'un retour de congé. « Jugez comme c'est agréable, me disait la femme du représentant anglais, d'apercevoir les terrasses de sa maison après six journées de mal de mer et de s'en retourner pour recommencer toute une semaine de malaises! »

On donne le nom de Mechya au demi-cercle d'oasis ininterrompues qui entourent Tripoli « comme un collier d'émeraude », suivant l'expression heureuse de plusieurs auteurs. Le mot Mechya lui-même est maltais, il signifie « jardins » et répond à l'expression arabe « sania » dont le pluriel est « souani ». Ce sont en effet des jardins maraîchers ou des bosquets d'agrément que les habitants de la localité entretiennent là.

Cette zone de verdure, circonscrite autour de l'esplanade dénudée des abords de la ville, est un croissant de quatre kilomètres d'épaisseur, dont les différents sites varient beaucoup leurs aspects. Il y en a dont les avenues bordées de haies élevées et ombragées de beaux arbres ressemblent à la première ébauche d'un carrefour de Passy que brosserait un paysagiste. Ailleurs, on aperçoit par-dessus les parapets de terre battue et les haies de figuiers d'Inde, de superbes tapis de légumes où les trèfles jettent un vert-de-gris si brillant qu'on le croirait factice. Les palmiers étendent partout leur parasol à des hauteurs telles que cette toiture laisse sous elle une grande place aux arbres fruitiers, et qu'on distingue parfois, sous cette protection bienfaisante, de délicieux *paradons* de citronniers, d'orangers, de grenadiers, d'abricotiers, de figuiers, d'oliviers, de pruniers, de caroubiers, de bananiers, de tilleuls et de tamaris. Au ras du sol, le coton alterne avec les champs d'orge, de maïs et de pastèques. Et cela fait un triple étagement de végétation dont l'aspect général est des plus curieux, surtout en ce moment, car c'est en avril et mai que la Mechya a le plus de charme.

Les figuiers de Barbarie sont en fleurs et leurs disques épineux s'encadrent d'une rangée de boutons jaunes qui les font ressembler à des médaillons.

De tous côtés j'entends des grincements qui se répondent d'un jardin à l'autre, comme des insectes monstrueux cachés dans la verdure. Et j'aperçois, à la dérobée, de gigantesques antennes blanches qui se dressent verticalement deux par deux. Ce sont les montants de puits dont les poulies mal graissées font un bruit agaçant. Nuit et jour, à chaque minute, les outres de cuir montent ainsi l'eau de la nappe souterraine et la répandent dans les rigoles de la surface. Un petit bœuf ou un âne tire la corde, en s'éloignant de la margelle suivant un plan incliné qui diminue l'effort de l'animal. J'ai sillonné la Mechya pendant tout l'après-midi sans que les poulies se soient tues sur ma route. A peine les entendais-je se calmer par l'éloignement que d'autres recommençaient un peu plus loin.

A la chute du jour, la Mechya s'embaume de jasmin d'Arabie et de violettes. La brise de mer époussette la végétation poudreuse et lui enlève un peu de cette rigidité métallique que la sécheresse lui avait imposée pendant le jour. Le dédale

FIGUIERS DE BARBARIE EN FLEURS.

des routes encaissées s'anime de voitures où se
sont empilées les familles maltaises et les groupes
d'Arabes. La vie, qui était restée blottie sous le
feuillage pendant les heures de soleil, déborde
sur les chemins et je reçois alors de droite et de
gauche le salut de cavaliers enfourchés sur l'ar-
rière-train extrême d'ânes microscopiques.

On dit que vingt mille individus peuplent ces
oasis. Le nombre des habitations blanches est
illimité. Chaque lopin clos a la sienne, avec son
puits. Un grand nombre de propriétés possèdent
des pressoirs d'huile et de petites mosquées.

Certaines légendes font dater du bombardement
de Tripoli par le maréchal d'Estrées (1685) le peu-
plement de la Mechya. J'ai peine à croire que les
indigènes aient attendu jusque-là pour se répandre
dans un lieu aussi propice à la culture et aussi
voisin du port.

Les Maltais de Tripoli s'endimanchent plus que
tous les autres citadins du monde. Nulle part les
femmes et les jeunes filles ne montrent, après la
messe ou les vêpres, autant de persistance à
arpenter les rues avec des toilettes roses et bleues
qui dorment dans des placards pendant tout le
reste de la semaine. Les grands chapeaux à fleurs
et les ombrelles flottent par toute la ville avec

l'intention visible de se faire admirer. C'est la chasse aux maris, chasse où quelques Dianes jolies aboutissent parfois à ramener un époux dans leurs filets, mais dont la plupart reviennent régulièrement bredouilles.

Je vais au jardin public, qui a été créé de toutes pièces dans les sables, au bout de l'esplanade extérieure, entre le rivage et le camp turc. Ce maigre square, dû à la bêche et aux arrosoirs des soldats, est gracieusement mis par le *mouchir* à la disposition des promeneurs. Le dimanche, il s'emplit de Maltais et Maltaises qui dépensent leurs pénibles économies à fréter un véhicule pour s'y rendre.

Les jeunes gens non plus n'auraient garde de manquer à ce rendez-vous du *Tout-Tripoli*. Ils viennent s'y faire voir et distribuent à droite et à gauche des coups de chapeaux protecteurs. Ces dandys copient, sans le savoir, les manières et la tournure de nos *calicots* des grandes cités. Ils suivent scrupuleusement ce qu'ils jugent être la mode.

A l'entrée du jardin, les soldats turcs entourent deux camarades nus qui luttent à main plate sur le sable. Du haut de leur coquet pavillon, les officiers dirigent ces ébats et encouragent les amateurs, dont chaque couple occupe à son tour le centre de l'arène.

Pendant des heures, les concours athlétiques se succèdent et les lauréats sortent de ces épreuves avec une petite récompense honorifique dont ils se montrent très fiers. L'autorité militaire turque entend ainsi remplacer la gymnastique, la canne, le bâton et autres exercices dont les armées européennes se servent pour assouplir les membres.

En cet endroit je fais la connaissance d'un célèbre contrebandier, le signor X. Loin de me cacher son industrie prohibée, il me parle avec orgueil de ses anciennes prouesses, lorsqu'il fournissait la poudre et les armes aux caravaniers. Pour échapper aux réglementations des Turcs, les trafiquants de l'intérieur achètent les fusils perfectionnés et les munitions, dont ils ont tant besoin, à ces armuriers clandestins. Les marchandises interdites se vendent fort cher; souvent un simple remington coûte 500 francs à l'Arabe. Et le Maltais qui en empoche le prix ne s'enrichit guère, car il a des frais énormes pour aller chercher son petit chargement à Malte et louvoyer pendant de longues journées sur sa barque entre les gendarmes ottomans qui le guettent. Mais

c'est une vie si attrayante pour un esprit aventu-
reux! Quand on y a goûté, la vieillesse seule peut
y faire renoncer. La police a cru plusieurs fois
tenir le signor X, mais elle en a été pour sa peine;
au moment suprême, l'habile contrebandier lui
échappait toujours. Une fois, dix gendarmes à
cheval coururent pendant toute la journée après
son embarcation, qui filait à voiles déployées le
long du rivage entre Tripoli et Homsk, avec un
chargement de fusils, de poudre et de tabac. Les
zaptiés épuisèrent vainement leurs montures à
travers les mamelons de sable; le vent poussait
trop vite la barque pourchassée. Le patron eut le
temps de se rendre au point de la côte où les
acheteurs l'attendaient, de terminer à son aise le
marché et de revenir avec une ironique cargaison
de sable vers les gendarmes essoufflés.

La contrebande continue à prospérer et les
zaptiés à la poursuivre. Dire qu'il suffirait d'ac-
quérir la moindre chaloupe à vapeur pour rendre
impossible le trafic prohibé! Mais Tripoli est un
pays ottoman où l'habitude est immuable, où tout
effort est inconnu. On ne fait donc rien pour entra-
ver la contrebande et arrêter les contrebandiers.
On n'achète pas la chaloupe nécessaire, parce que
cette dépense serait trop lourde. Et cependant,

dit-on, le sultan a plus d'un milliard immobilisé dans ses coffres!

Je visite le cimetière arabe. On a parfois comparé les nécropoles musulmanes à des villes européennes en miniature, parce que les tombes affectent la forme de toits. Cette comparaison n'est pas exagérée. Aucun mur de clôture ne ceint le champ des trépassés, et quelques monuments se penchent au bord de la route comme des rochers émergeant du talus. Je suis frappé de la structure informe des tombeaux et de leurs maçonneries rugueuses et bossuées.

Les plus récentes sépultures portent des bouquets de fleurs, mais en général je ne constate pas une grande préoccupation matérielle des vivants pour les morts. Les abords des tombes sont assez mal entretenus. Le vendredi pourtant, il y a affluence au cimetière. Les femmes arabes avec leurs jeunes enfants viennent s'asseoir près de la pierre qui recouvre ceux qu'elles ont perdus; c'est à quoi se borne tout « le culte des morts ». A l'est de la ville, au delà du camp turc, les deux coupoles qui abritent les restes des Karamanli paraissent à peu près abandonnées.

Tripoli a son cimetière juif et son cimetière catholique. Ce fut dans ce dernier que quatre soldats turcs se livrèrent, il y a quelques années, à d'odieuses profanations. Pour assouvir leur fanatisme, ils pénétrèrent pendant la nuit dans la

MAUSOLÉE DES KARAMANLI DANS LA NÉCROPOLE DE TRIPOLI.

chapelle qu'ils saccagèrent; puis ils déterrèrent le cadavre d'un matelot français qui s'était noyé dans la rade, tandis qu'il faisait son service à bord du *Magenta*.

Le consul général, M. Féraud, courut immédiatement chez le vali et le somma de convoquer sur l'heure toute la garnison. En présence des troupes, notre agent, qui savait l'arabe à merveille, prononça quelques phrases indignées et menaçantes, dont l'énergie effraya le gouverneur et ses officiers. Quelques instants après, toutes les autorités ottomanes en grande tenue se rendaient, avec la population tripolitaine, sur les lieux de la profanation. Le drapeau tricolore y était solennellement déployé, et une cérémonie de réparation éclatante commençait aussitôt. Les soldats turcs durent replacer de leurs propres mains les ossements dans la bière, et chacun d'eux passa devant la fosse pour jeter une poignée de terre, tandis que les clairons rendaient des honneurs tardifs au petit marin français.

CHAPITRE III

L ES Chambres de commerce de Paris et de Lyon m'ayant tracé un questionnaire sur la situation du trafic actuel de la Tripolitaine, je fais une série de visites intéressées chez divers négociants européens et israélites. Grâce aux efforts des habitants très entreprenants de Rhat et de Rhadamès, Tripoli était devenu dans le siècle dernier le seul contact commercial entre le bassin du Tchad et les industries européennes; mais ce trafic des caravanes transsahariennes décroît sensiblement depuis quelque temps. On ne saurait établir de statistiques précises puisque le Gouvernement turc se refuse à tout renseignement; j'ai néanmoins la certitude qu'il ne part pas plus de mille chameaux chaque année.

Ce ralentissement d'un mouvement assez considérable autrefois est survenu presque brusquement. Il faut en faire retomber la plus grande responsabilité sur l'aventurier Rabah qui, en saccageant le Kordofan, le Darfour, le Ouadaï et le Baghirmi, a causé la faillite de plusieurs grands caravaniers. Peut-être aussi, les nouvelles portes que les Français, les Anglais et les Allemands ouvrent dans le Soudan par le versant de l'Atlantique, ébranlent-elles la confiance des Tripolitains dans leur monopole.

Une des causes partielles mais certaines de l'amoindrissement du trafic entre les Syrtes, c'est la dépréciation des plumes d'autruches sauvages que les trafiquants apportaient de Kouka, de Sokoto, d'Abechr et d'El-Facher : on leur préfère momentanément les pennages d'autruches domestiquées du Cap-de-Bonne-Espérance.

Le commerce transsaharien se relèvera-t-il un jour ou l'autre, malgré les débouchés nouveaux de l'Atlantique et de l'Egypte? A vrai dire, Tripoli trouve, pour défendre son commerce, une aide puissante chez les riches entrepreneurs arabes, qui ont détenu jusqu'ici le trafic soudanien, et qui luttent avec acharnement contre toute tentative tendant à les déposséder. Les consuls arabes jouissent d'un crédit prépondérant auprès des sultans nègres. Celui qui réside à Kouka tient sous son influence dominatrice tout le bassin du Tchad. C'est lui qui, en 1891, a fait échouer la mission de Mac Intosh. C'est encore le parti arabe qui empêche les Anglais de s'établir effectivement dans le Sokoto. Tout étranger arrivant de l'ouest est suspect aux grands caravaniers du Sahara, qui voient en lui un usurpateur avec lequel il faut engager une lutte acharnée. Lorsque Monteil, du Sénégal atteignit le Tchad, il n'obtint de continuer sa route vers le nord qu'après avoir dissipé tous les soupçons des marchands arabes.

Sans doute un jour viendra où l'Afrique intertropicale, fructueusement exploitée par l'industrie européenne, écoulera ses produits par des locomotives et des chaloupes à vapeur aboutissant aux trois faces maritimes de son continent. Il est probable qu'à ce moment-là, Tripoli n'offrira guère plus d'avantages que Dakar, Konakry, Lagos, Kameroun, Alger, Le Caire ou Massaouah. Mais en attendant cette mise en valeur des territoires soudaniens et l'exploitation de longues voies rapides, l'ancien emporium punico-romain gardera sans peine son monopole.

Une caravane se compose actuellement d'une

trentaine de chameaux, d'un nombre à peu près égal de conducteurs, et de quelques voyageurs indépendants qui se mettent sous sa protection. La charge des animaux de bât ne dépasse pas 120 kilogrammes. Les banquiers, qui commanditent les commis-voyageurs du désert, s'attribuent la moitié des bénéfices.

Ces conducteurs emportent des cotonnades anglaises (*étoiles* et calicots; aucune mousseline), des toiles, de la soie, du sucre, du thé, des perles, du corail et de la parfumerie. Ils rapportent à la côte, des plumes d'autruche, de l'ivoire et des peaux tannées.

Parmi les maisons commanditaires de Tripoli, il n'en existe pas une seule sous la direction d'un Français; les relations commerciales des quelques Anglais et Italiens qui y trafiquent se réduisent à une minime importation d'articles européens dans le port. Ce sont les Turcs, les Arabes et les Juifs qui détiennent tout le négoce transdésertique. Les marchandises acquittent un droit de 8 0/0 *ad valorem* pour l'entrée et de 1 0/0 à la sortie.

Les achats des Tripolitains dépendent entièrement de la récolte d'orge, et c'est la raison pour laquelle le mouvement des affaires a considérablement diminué depuis quelques années, proportionnellement aux sécheresses consécutives. Les importateurs italiens n'en ont pas moins augmenté leur part depuis quatre ou cinq ans, et ils ont gagné le premier rang pour certains articles.

On peut résumer ainsi les fluctuations commerciales depuis 1870 : de 1870 à 1885, ère de prospérité relative, avec des bénéfices de 30 à 40 0/0; de 1885 à 1890, décroissance notable à cause de la diminution de valeur des plumes d'autruche; en 1890, relèvement momentané du trafic en général; depuis 1891, nouvelle décroissance, due surtout au dépérissement du trafic transsaharien (pillages de l'aventurier Rabah).

La moyenne annuelle est actuellement de 10 millions environ pour l'exportation, dont 3 millions et demi pour la France; 10 millions à l'importation, dont 2 pour les produits français.

L'alfa, qui est devenu le principal article d'exportation, n'était guère utilisé jusqu'à ces dernières années par les indigènes que pour nourrir les bestiaux dans les périodes de sécheresse, ou pour la confection de la sparterie. Les usines anglaises ont accaparé ce produit pour la fabrication du papier : de Tripoli, Slitten et Homsk, on expédie sur la Grande-Bretagne des monceaux de bottes comprimées dont la valeur atteint presque trois millions. Viennent ensuite les laines et les peaux que l'on dirige sur l'Italie et sur Marseille, et les plumes d'autruche qui vont toutes en France.

Ces plumes appartiennent à deux catégories très différentes de valeur et d'aspect : la qualité mâle (blanche ou noire) variant de 26 à 32 francs la livre ; la qualité femelle, valant de 10 à 12 francs seulement. Ces deux catégories se subdivisent en sous-qualités nombreuses : première France, seconde France, Queue de rebut, Fleur noire seconde, Bajocco, Languettes, etc.

Les éponges se pêchent sur tout le littoral, depuis la Tunisie jusqu'à la Cyrénaïque ; celles que l'on cueille avec les filets sont réputées meilleures que celles des plongeurs.

Céréales (orges), henné, œufs, nattes, ivoire, oranges, sel natron, font aussi partie de l'exportation.

Quant à l'importation, ce sont les tissus de coton anglais qui occupent le premier rang. Viennent ensuite les farines et semoules, dépassant 1 200 000 francs, dont 500 000 pour la France. C'est sur ce dernier article surtout que l'Italie porte tous ses efforts, et elle y réussit grâce à ses prix minimes, au grand détriment de la qualité. Le sucre tient encore une place importante (500 000 francs), malgré l'énorme contrebande qui se pratique par l'Algérie et le Sahara. Nos douaniers de la limite du désert algérien sont constamment sur les dents pour empêcher les contrebandiers arabes d'importer en Tripolitaine les sucres privilégiés de la colonie française.

Le thé, qui tend à remplacer de plus en plus le café, constitue le reste de l'importation avec les soieries, la droguerie, le riz, la verroterie, la passementerie, la papeterie, etc.

En somme, le commerce de la Tripolitaine se résume en un mouvemeut infime, qui semble en voie de décroissance persistanté. Il y aurait lieu de rechercher si cette situation ne pourrait s'améliorer dans certaines mesures et si le trafic transsaharien ne serait pas susceptible de prendre à notre avantage la direction de Gabès. J'ai acquis la conviction que les financiers de Tunisie abandonnaient un peu plus de la moitié des profits nets, et si notre politique intérieure s'appliquait en même temps à rendre les trajets plus sûrs, nos marchandises à meilleur marché triompheraient vite des stocks importés par les ports ottomans.

Quelques pas de flânerie au bord de la plage

me conduisent sous les murs du « Fort espagnol »
qui s'élève dans le premier des récifs qui prolongent la presqu'île du port. Ce châtelet massif ne
rappelle pas seulement le passage des Catalans
vainqueurs ; si mes renseignements sont exacts,
il a servi ensuite à renfermer une partie des
esclaves dont un bon nombre appartenaient au
pays de Charles-Quint.

A la fin du XVIIIe siècle, le régime de l'esclavage s'était considérablement adouci. Aussitôt
qu'un navire apportait des captifs chrétiens, les
consuls étrangers se rendaient à bord et récla-
maient leurs compatriotes, si ceux-ci n'avaient
pas été pris en flagrant délit de complicité dans
les rangs d'une nation en guerre avec la côte
musulmane. En cas d'affirmative, l'emprisonne-
ment devenait légal et le captif ne pouvait plus
se libérer qu'en payant une forte rançon. Le pacha et le bey gardaient toujours pour eux les
prisonniers qui connaissaient un métier ; les autres
partaient pour le *béristan*, où on les vendait aux
particuliers....

L'entreprise de la course en mer appartenait au
bey, c'est-à-dire au fils aîné du pacha souverain.
Il construisait lui-même sa flotte dans des chan-
tiers monopolisés, où le travail de plusieurs cen-

taines de captifs redoublait pendant les périodes favorables. Rien n'était plus désavantageux pour ce bey que les traités de paix avec l'Europe.

Dès qu'ils avaient pris le large, les *rais* ou capitaines de bâtiments, devenaient maîtres absolus de leurs actes. L'entretien de l'équipage leur incombait, les captures leur revenaient de droit, sauf la huitième partie, réservée au fils du souverain. Ce sont ces derniers prélèvements, exercés sur un grand nombre de bateaux, qui formaient le bénéfice énorme de la famille régnante.

Il y a concert militaire chaque soir sur la plage; les musiciens s'époumonent dans d'énormes instruments pour remercier leur souverain de la soupe qu'ils vont dévorer tout à l'heure. Avec leurs fez couverts de poussière, ils ne sont pas brillants, car ils ont passé toute la journée au soleil, tandis que la troupe s'est épuisée à des manœuvres de parade, haies d'honneur et défilés. J'ai assisté ainsi à l'arrivée d'un officier d'un rang supérieur : la garnison prend les armes et la musique résonne pendant plusieurs heures. Le silence ne s'est rétabli que pendant les quelques minutes où le secrétaire du vali a donné lecture du firman par lequel le nouvel arrivé est investi de ses fonctions.

Le brave orchestre de cuivres est sans cesse réquisitionné : on l'emploie aux moindres processions de marabouts. C'est alors un spectacle curieux de voir la foule se précipiter sur les terrasses des maisons et se pencher sur la rue pour contempler le cortège. Les terrasses n'étant jamais bordées de parapets, je me demande comment personne ne tombe de ces précipices sur les passants en procession. Des fillettes juives m'ont donné la chair de poule, en courant sur le bord des maisons, où elles jouent avec la même insouciance qu'au fond des cours.

Chaque mardi, lorsque le paquebot français est entré en rade, le marché extérieur s'emplit de monde. Cet événement hebdomadaire met la ville sens dessus dessous. Le service postal des Etats européens est assuré par les consulats de France et d'Italie, où les paquebots des deux pays débarquent leurs sacs de dépêches. La distribution se fait dans la cour des résidences par les soins des chanceliers. Étrangers et Arabes doivent y venir chercher leur correspondance.

Croirait-on que notre occupation de la Tunisie n'a pas encore été acceptée diplomatiquement par la Turquie? La situation de l'Algérie elle-même n'est pas non plus reconnue par la Sublime Porte.

LECTURE D'UN FIRMAN A TRIPOLI.

Un diplomate, très versé dans ces questions, m'a affirmé que ces lacunes d'administration internationale portent le plus grand préjudice à notre prestige chez les indigènes et chez les coloniaux étrangers. Comment n'a-t-on pas exigé la régularisation de ces formalités à propos des récents démêlés avec Constantinople? Nous ne pouvons rester indéfiniment avec l'air d'occuper de simples présides, comme les Espagnols au Maroc. Voilà, ce me semble, un beau sujet d'interpellation pour un député.

Je me rends au marché. Cette foire est un trompe-l'œil, car la foule des désœuvrés y abonde, mais il s'y fait un total d'échanges fort mince. Les marchandises de dix vendeurs de certains articles pourraient être portées par un seul d'entre eux. Sur cent acheteurs qui se promènent plusieurs heures entre les paniers, les sacs et les animaux, il y en a très peu qui se décident à dénouer leur bourse, et c'est la plupart du temps pour une acquisition de quelques sous.

L'aspect n'en est pas moins curieux pour l'observateur qui vient y chercher de la couleur locale. Arabes, Berbères, Juifs, Nègres, Maltais et Italiens se démènent, se disputent, crient et exaltent la supériorité de leurs marchandises. J'aperçois deux

Touaregs au visage voilé, accroupis au bord de la
mer à côté de leurs chameaux. Je vais à eux. Ils
se lèvent, me lancent un regard mêlé de méfiance
et de dédain, puis s'éloignent d'un pas majestueux. Ils n'ont pas l'air d'appartenir à l'espèce
humaine, les yeux de ces longs corps maigres et
lents ; il y luit je ne sais quelle fixité de fauve
devant une proie. Bien des années de contact
incessant seront nécessaires pour amadouer ces
sauvages, les plus dangereux de la création. Per-
fides, ils voient de la perfidie partout. Mme Lacau
m'a raconté qu'un groupe de ces bandits du Sa-
hara ayant dû se présenter un jour chez son père,
le consul général d'Angleterre, on eut toutes les
peines du monde à leur faire déposer leurs armes
avant d'entrer dans le cabinet du représentant
britannique. Ils finirent par céder, mais à la condition que l'un d'eux restât dans l'antichambre pour
garder ces armes.

Ce sont là de vrais Touaregs, qu'il ne faut pas
confondre avec les tribus plus ou moins mixtes
dont on voit quelques membres dans les ports
tunisiens. Même ici, le seul point de la côte où
l'Islam règne en despote, les authentiques rôdeurs
du Sahara n'approchent que rarement du littoral.
A certaines époques, on n'en trouverait pas un

sèul sur toute l'esplanade du marché. D'ordinaire,
on en compte cinq ou six à peine. J'ai tout essayé
pour mensurer et photographier quelques-uns de

JUIVES DE TRIPOLI.

ces êtres mystérieux; plusieurs habitants m'ont
aidé dans ces efforts. Échec sur toute la ligne! On
réussirait plutôt à y décider un tigre.

Sur l'esplanade foraine, les ballots se section-

nent en quartiers d'après leur spécialité. Près de
la fontaine publique, les échoppes des barbiers et
les paniers des maraîchers nègres forment le premier groupement auquel on se heurte en sortant
de la ville. Les porcheries de nos fermes, com-
parées aux abris des figaros tripolitains, sont des
mines de parfums. Quant aux noirs vendeurs
d'oignons et de carottes, la plupart de leurs fonds
de commerce pourraient être achetés avec une
poignée de liards.

Un peu plus loin, les sacs d'orge représentent
un capital plus sérieux : c'est la matière première
de toute l'alimentation. On en fait de la farine, de
la semoule, du mehammsa, et la plupart des mets
de la cuisine indigène. Les boulangers en pétris-
sent un pain safrané, lourd, gluant, qu'ils étalent
sur des tréteaux à quelques pas des amas de céréales. L'estomac africain est indispensable pour
la digestion de ces tourtes dorées et pesantes
comme du cuivre.

Devant leurs abris en forme de bonnet de police, les fabricants de *chechias* confectionnent en
plein air la rouge coiffure des Turcs et des Arabes.

Tout au fond de l'esplanade, près des casernes,
les meules d'alfa arrondissent leurs coupoles
vertes sur le sable. Prenez garde ! Un chameau

agenouillé se tient immobile sous chacune d'elles,
comme une tortue dans sa carapace et ces ruminants ne sont pas toujours inoffensifs.... Leur col

ENTRÉE D'UNE MAISON ARABE.

de reptile porte loin et un coup de mâchoire est
vite donné. Or la morsure des chameaux aux dents
fétides offre de graves inconvénients.

Un matin, je me dirige vers la Mission catholique, où les Pères capucins m'ont invité à déjeu-

ner avec le consul et le vice-consul. Le préfet apostolique, dont j'ai reçu la première visite le matin même de mon débarquement, a mis ses huit moines à contribution pour nous recevoir de son mieux. Nous prenons, dans le réfectoire, un repas qui témoigne d'une grande bonne volonté de la part de ces religieux, inexperts dans les raffinements gastronomiques.

On ne sait à quelle époque remonte la fondation d'une chrétienté en Tripolitaine. Puisque les compagnons de saint François ont évangélisé le Maroc, la Tunisie et l'Egypte dès le xiiie siècle, il est possible que le premier établissement dans le pays des Syrtes date des mêmes années. Mais les plus anciens documents ne remontent pas au delà de 1654, c'est-à-dire au martyre du franciscain Da Ponte.

Il faut entendre le préfet apostolique actuel, dom Giuseppe da Barrafranca, raconter avec une conviction profonde le supplice de son prédécesseur qui avait fulminé contre les cruautés et l'immoralité du pacha turc Osman :

« Ecoutez-moi bien, Signore. C'est un miracle que des milliers de personnes ont constaté. Tandis que le saint marchait au supplice, ses ouailles pleuraient et lui criaient : « Que va-t-il nous rester ? » Il leur répondit : « Je vous laisserai mon cœur. » Le bourreau lui trancha la tête, et son corps fut jeté sur un bûcher. La nuit suivante, tous les habitants de la Mechya et de la plage virent une lueur éclatante s'élever des cendres du martyr et monter au ciel. L'autorité musulmane en profita pour accuser les chrétiens de magie. Les Arméniens d'un vaisseau en rade constatèrent aussi le prodige et débarquèrent pour recueillir les cendres. Ils y trouvèrent intact le cœur que le saint avait promis de laisser à ses prosélytes. Ce cœur était rouge et frais comme s'il battait encore dans la poitrine du padre. Malheureusement les Arméniens emportèrent à bord l'organe miraculeusement conservé, et l'on ne sait ce qu'il est devenu ! »

C'est en 1660 que la Congrégation de la Propagation de la Foi détacha de la province marocaine les établissements de la Tripolitaine et les érigea en préfecture apostolique. Au début, les missionnaires s'attachèrent exclusivement à consoler et à évangéliser les esclaves : ils étendirent leur prédication jusqu'au Fezzan. Sous les Karamanli, le protectorat de la France obtint la reconnaissance officielle des religieux, qui purent dès lors s'attaquer aux indigènes libres.

Après le repas, qui se prolonge un peu, nous faisons nos adieux au Père cuisinier qui part dans une heure pour l'Italie : c'est son tour de revoir la mère-patrie. Ces capucins, tous Italiens, vont se retremper les uns après les autres dans l'air natal, aussi souvent que le budget de la Mission le permet.

Parmi eux, j'ai un ami très assidu, le Frère Silvestro, qui cumule les fonctions d'organiste, d'architecte et de jardinier. C'est lui qui a bâti le superbe clocher qui domine tous les minarets de la ville. Mais il a un grave défaut, ce clocher, c'est qu'il est vide de cloches. Depuis quinze ans, les étrangers reçoivent les doléances du Frère Silvestro ; les cloches ne viennent pas. Les livres de plusieurs voyageurs ont fait appel aux âmes généreuses du vieux continent, mais personne n'a répondu. Il y a cependant là une question plus haute qu'un simple intérêt.... de clocher. Les musulmans ricanent devant ce minaret muet des infidèles, alors que tant de cris pieux s'élèvent journellement des leurs. Ils en triomphent. Or, dans un pays où la religion se confond avec le pouvoir temporel, l'infériorité de l'Eglise chrétienne est une atteinte au prestige européen. Le clocher vide de la Mission produit ici le même effet qu'une hampe sans drapeau.

Pendant mes deux séjours à Tripoli, le bon Frère architecte m'a poursuivi de ses sollicitations; un quart d'heure avant mon départ, il venait encore me les répéter à l'hôtel. « Des cloches, des cloches, par grâce, monsieur le Français, obtenez-nous des cloches! » Je promis de faire tout ce qui est en mon pouvoir, car la France est la protectrice des chrétiens d'Orient, et c'est une bonne chose de le rappeler aux étrangers toutes les fois que l'occasion s'en présente. A mon retour à Paris, j'intercédai auprès de Monseigneur de Jéricho, le directeur des maisons religieuses des territoires turcs. Après ma courte plaidoirie, le vénérable évêque, dont le patriotisme avéré venait d'être ému, répondit : « Tripoli aura ses cloches. » Le jour même, il les a commandées et aujourd'hui elles couvrent de leur carillon les voix aiguës des muezzins sur les minarets. On juge de la joie des *Padri*.

Si la question des cloches intéressait l'influence européenne en général, celle des écoles catholiques joue un rôle très important dans l'influence particulière de la France.

Je ne crois pas que le gouvernement italien songe sérieusement à s'emparer de la Tripolitaine, car il n'a pas d'argent à jeter en pure perte. Mais il fait tous ses efforts pour en exclure les

autres fournisseurs des Turcs et des Arabes. Il a
entamé contre les écoles catholiques de la Mission,
subventionnées par nous, une concurrence acharnée. Ne pouvant nous enlever la surveillance des
classes des Frères marianistes et des Sœurs de
saint Joseph, il a créé à grands frais une *scuola*
laïque de garçons, qui lui coûte quatre-vingt
mille francs par an. Jusqu'ici notre établissement
a tenu bon avec les ressources quatre fois
moindres dont il dispose. Mais il faut veiller! Je
crois devoir appeler toute l'attention du comité
de l'*Alliance française*, qui a déjà fait beaucoup,
mais qui devra faire encore davantage.

Les professeurs envoyés d'Italie ne se contentent
pas toujours d'apprendre à leurs jeunes élèves la
grammaire italienne et l'amour de Rome. Ils leur
insufflent quelquefois la haine de la France, comme
ce magister de Homsk qui affecte de jeter avec
mépris tout livre écrit dans notre langue. On peut
être certain que les petits Arabes éduqués par les
rivaux des communautés religieuses françaises ne
seront pas plus tard des partisans de notre influence. Il est donc urgent d'accaparer le plus
possible l'éducation de la jeunesse tripolitaine et
de fournir aux éducateurs français tous les moyens
de les attirer dans leurs classes.

Elle est du reste en bonnes mains, cette éducation. Avec un zèle émouvant, huit Frères marianistes consacrent toute leur vie à instruire les garçons, dans le but unique de soutenir les intérêts de la France. Humbles et dévoués de toute leur âme, ils vivent misérablement de la pension de six cents francs qui leur est individuellement allouée. Moins heureux que les *Padri* italiens, ils ne revoient jamais leur patrie, faute de ressources.

L'hôpital soigne les hommes et les femmes sans s'inquiéter de leur religion : les deux salles sont confiées aux religieuses. Une troisième pièce sert aux consultations, où les Arabes abondent chaque matin. On me dit qu'il en passe plus de huit cents par mois.

L'établissement des Sœurs est aussi une maison arabe, dont les Turcs avaient d'abord fait une caserne. Depuis 1854, les Sœurs de saint Joseph de l'Apparition y instruisent cent soixante filles catholiques, juives ou musulmanes, dans quatre classes, dirigées par une très vieille supérieure. Sept religieuses sont françaises. Je demande à les voir, et je me sens aussitôt ému par la joie qui brille dans leurs yeux quand je leur parle du pays. Leurs regards, d'ordinaire baissés, me fixent avec affection, comme si j'étais leur frère. Elles mourront sans revoir le sol natal, la patrie pour laquelle elles travaillent.

Ma petite tournée pédagogique se termine à l'école des garçons et à celles des filles, que l'Alliance israélite de Paris entretient à Tripoli. La première est bondée de gamins dont l'uniforme consiste à porter la chemise hors du pantalon. La seconde constitue la plus gracieuse collection de grands yeux noirs et de minois rieurs. Les classes masculines avec M. Lévy et les classes féminines avec Mme Lévy apprennent toutes leurs leçons en langue française. Le couple instituteur, natif du Maroc, a longtemps habité Paris et se dit fièrement français. J'ai acquis la certitude que M. et Mme Lévy ne le cèdent aux Frères et aux Sœurs ni en zèle, ni en modestie. C'est la même assiduité laborieuse, la même préoccupation exclusive de faire aimer la France.

Ainsi, une quinzaine d'hommes et de femmes passent leur existence à accomplir une œuvre patriotique réellement utile, sans bruit, sans trêve, sans espoir d'aucune récompense, sans recevoir le tribut d'aucune reconnaissance, alors que dans leur pays tant de gens enflent la voix pour ne rien dire et se font un tremplin de leurs décla-

UNE ÉCOLE DE LA MISSION CATHOLIQUE TENUE PAR LES SŒURS DE SAINT JOSEPH DE L'APPARITION.

mations pour assurer leurs intérêts personnels....

Pepino entre un matin dans ma chambre, et je devine, à son air triomphant, qu'il a une heureuse nouvelle à m'annoncer. « Monsieur, une pâtissière de Malte est arrivée à Tripoli, avec sa machine à glace. Toute la ville a déjà goûté ses gourmandises. Voulez-vous une *gelée?* »

Une gelée, cela veut dire une glace, dans le jargon italianisé de mon jeune guide. Je refuse l'offre, à cause de l'heure matinale.

« Voulez-vous alors un *café de chocolat?* »

C'est tout simplement d'une tasse de chocolat qu'il s'agit, et j'accepte.

Que les Arabes ne ressentent aucun désir de boire frais, je ne m'en étonne pas ; c'est un trait caractéristique de toutes les populations des pays chauds. Je me souviens qu'au Tonkin, les mandarins annamites, lorsque nous les recevions à nos tables, refusaient toujours les morceaux de glace dont on voulait rafraîchir leurs verres. Ils se méfiaient de ces cristaux transparents auxquels ils ont donné le nom de « Eau en pierre ». Les indigènes des régions torrides ne peuvent supporter dans l'intestin cet abaissement de température, sans éprouver de violents malaises. Il faut une longue initiation comme la nôtre. Mais je ne m'explique pas comment les familles de la colonie européenne ne s'entendent pas entre elles pour se procurer de la glace, comme on le fait dans nos postes les plus avancés d'Extrême-Orient. Acheter une machine à frapper l'eau serait évidemment peu pratique, car les petits appareils ne procurent que des résultats insuffisants et les grands exigent trop de manipulations. Mais les paquebots pourraient céder une partie des provisions du bord, d'autant plus qu'à Tunis les glacières sont bien fournies. On y fait venir la glace de Norvège, parce que celle des machines, rarement bien produite, fond trop rapidement. C'est pour la même raison que les ports du Sénégal dédaignent les procédés artificiels et s'approvisionnent au Canada.

La veille de mon départ pour l'intérieur est employée à une nouvelle visite à la Mechya. Chemin faisant, je croise trois matelots qui chevauchent bruyamment des ânes lilliputiens. Ils s'en donnent, les bons mathurins, et rient à gorge déployée. Ce sont les quartiers-maîtres d'un vaisseau grec, qui mouille en ce moment dans le port. Hier, ils se battaient contre les Turcs; aujourd'hui, ils prennent leurs ébats avec eux. Le navire sur lequel ils servent a fait partie naguère de la flotte musulmane; les Grecs s'en sont emparés dans je ne sais plus quel conflit et l'ont gardé.

En quelque parage qu'il se trouve, le matelot n'a qu'un désir, dès qu'il descend à terre, c'est de monter à califourchon sur la première bête venue, rosse de louage, âne, chameau, girafe ou éléphant. Il lui faut, coûte que coûte, enfourcher quelque chose. Les entrepreneurs de Robinson ou du Jardin d'acclimatation réaliseraient de belles recettes s'ils se trouvaient sur leur route. Les officiers de marine se montrent peut-être plus enthousiastes encore de l'art hippique que leurs subordonnés. Ils n'y brillent cependant guère, mais que leur importe! J'ai vu de vieux lieutenants de vaisseaux galoper frénétiquement, les coudes en l'air et les jambes ballantes, comme des collégiens ivres de mouvement et de liberté.

Au grand galop du malheureux cheval qui traîne mon assourdissant véhicule, je sillonne la belle oasis dont les propriétés, bien closes, sont labourées par des métayers. Nous nous rendons au village de Hamerous, entièrement peuplé de juifs qui s'adonnent à l'agriculture. La saleté de cette agglomération dépasse celle de la Hara; il semble que les habitants cherchent à se rendre repoussants pour s'isoler de tout contact étranger. Le pied ne foule que de l'ordure dans les ruelles, dans les jardins et même sur le sol des chambres. Dans les rigoles qui canalisent toutes les artères du village, une eau noire et puante coule comme la transpiration d'un fumier. Des nuées de bambins nous poursuivent en sollicitant l'aumône; leurs délicieux visages disparaissent à moitié sous la crasse. J'en vois dont les beaux yeux noirs sont bordés de mouches qui les entourent en rangs serrés comme le bétail aux abreuvoirs, sans qu'aucune main songe à les chasser. Tout soulève le cœur dans ce petit dédale de couloirs à ciel ouvert.

Seuls les enfants et les vieillards apparaissent dans la sentine. Les parents travaillent aux champs avec une grande activité. Des juifs agriculteurs! Voilà un phénomène rare en Afrique. Comme s'ils tenaient à prouver le génie universel de leur race, ceux-ci labourent la terre avec une habileté incomparable et en tirent deux fois plus de produits que les Arabes. J'entrevois, dans la pénombre des étables, plusieurs chameaux qui tournent avec les yeux bandés et mettent en action d'énormes meules à orge. C'est un des coins les plus riches de l'oasis en céréales, légumes, fruits et olives. Mais rien que de savoir quelles mains ont touché

RESTES DE LA VILLA DE SIDI EL-HANI A TRIPOLI.

les oranges dont on veut me faire présent, je sens ma soif disparaître.

Une autre galopade nous conduit aux jardins de Sidi-El-Hani, où je désire visiter les ruines de la villa qui fut le théâtre du guet-apens de Ahmed-Karamanli. En 1714, cet usurpateur avait profité d'une absence du pacha turc, appelé à Constantinople, pour attirer les quatre cents soldats ottomans de la garnison tripolitaine dans cette villa. Tandis que les insouciants invités se régalaient autour des tables servies sur les terrasses ombragées de treilles, Ahmed lança un signal convenu et tous les militaires désarmés furent égorgés en un instant.

Il ne reste plus actuellement qu'un angle des bâtiments mauresques. Je pousse la porte du jardin, et je prends une photographie. Au même moment, un Arabe surgit de ces bosquets qui semblaient déserts et m'agonit d'injures que je ne comprends pas, mais dont la traduction rappellerait probablement les euphémismes de nos *forts* de la Halle. Abdou-Slam et Pepino m'apprennent que j'ai affaire au propriétaire de ces lieux et que cet homme irascible s'indigne de me voir commettre une profanation en photographiant son bien.

Joignant le geste à la menace, l'Arabe me fait signe de sortir. J'avoue que la canne me chatouilla étrangement la main durant une minute et que je fis quelques pas vers cet homme avec des intentions regrettables. Mais je songe bien vite heureusement que je n'ai pas le droit de compromettre ma dignité d'étranger dans un pugilat démocratique. Je me contente de jeter un regard hautain sur ce brave indigène. Puis, pour concilier mon légitime amour-propre avec le droit de propriété dont les Arabes sédentaires se montrent si entichés, je me retire très lentement, affectant d'examiner à loisir les quelques pans de muraille où il ne subsiste aucun détail intéressant. Je me demande ce qu'il serait advenu si l'Arabe avait continué ses insultes. Au retour, on m'a dit que je l'avais échappé belle, parce que les indigènes surgissent de tous côtés au moindre appel de l'un des leurs et que, si j'avais rossé le coupable, une nuée d'ennemis m'auraient assailli sans pitié.

Avant de rentrer à Tripoli, je m'arrête dans le hameau de cabanes rondes où les nègres se groupent pour mieux conserver leurs coutumes soudaniennes. Il y a là une trentaine de familles qui s'abritent sous les joncs et les palmes sèches de leurs gourbis coniques, où il faut pénétrer en

VILLAGE SOUDANAIS DE LA MECHYA.

rampant. J'entends nasiller des complaintes par des êtres invisibles, car les espaces extérieurs sont déserts. Mon guide invite les habitants à se montrer, et de beaux corps presque nus, luisants comme de l'ébène vernie, apparaissent devant nous. Un grand gaillard, étonnamment musclé, nous dit qu'il va repartir pour Sokoto; je reconnais en lui la belle race Haoussa. Son voisin, moins grand et moins vigoureux, arrive du Darfour et s'apprête à y retourner avec une prochaine caravane, qui lui fera faire un long détour par le Tchad, parce qu'il n'existe pas de communication directe avec son pays. Les femmes, plus vêtues, portent de nombreux anneaux aux pieds, aux poignets et aux oreilles. La poitrine de l'une d'elle disparaît sous des breloques de verroterie. Je remarque une négresse très jeune, qui doit provenir des tribus Yolofs du Sénégal, car ses yeux sont superbes et son profil d'une finesse admirable.

Tous ces êtres-là ont parcouru, au moins une fois, à pied et pesamment chargés, des trajets qui dépassent la distance de Paris à Moscou. On se sent pris de tristesse quand on songe à la somme de privations et de souffrances qu'il leur a fallu endurer pour franchir des centaines de kilomètres à travers le Sahara torride, dans les pires conditions de nourriture et d'abri. Et cependant, nulle physionomie ne montre autant d'insouciance que ces visages noirs, au bon sourire.

Qu'ils soient venus comme esclaves ou comme volontaires des caravanes, les nègres ont fait souche dans la Tripolitaine. Un grand nombre d'Arabes et de Berbères sont eux-mêmes fortement nuancés par des alliances avec les Soudaniens de toute provenance. La teinte des figures sémitiques s'obscurcit sensiblement à mesure que l'on progresse vers le sud; à Tripoli même, on trouverait toutes les gammes du bistre au noir d'encre. Je connais un lieutenant-colonel de l'armée ottomane, auprès duquel pâlirait la botte la mieux cirée ; et c'est cependant un vrai Turc au point de vue légal, car son père appartenait à l'une des premières familles de Constantinople.

Du haut de l'éminence où les huttes se disséminent, je donne un dernier regard à l'ensemble de la baie. Et ma pensée se reporte tout à coup sur Napoléon, qui songea à utiliser cette rade, lors de son expédition en Égypte. De retour en France, le général Bonaparte, devenu premier consul et maître du Gouvernement, voulut occuper Tripoli, pour se tenir en communication avec le delta du

Nil. Le fameux Yousouf Karamanli régnait alors.
Les Anglais lui avaient fait violence pour qu'il
déclarât la guerre à la République, mais l'habile
potentat ne cherchait qu'à favoriser en sous-main
la rivale de la maîtresse des mers. Les corsaires
recevaient des ordres secrets pour respecter notre
pavillon et même pour le favoriser au besoin.
On conçoit que le premier consul ne négligea pas
d'aussi bonnes dispositions. Afin de ne pas donner
l'alerte à l'Angleterre, il se contenta d'un émis-
saire étranger. Le Maltais Xavier Naudi se rendit
à Tripoli avec pleins pouvoirs, et signa, le 18 juin
1801, un traité secret, grâce auquel tous les Français devaient jouir de la plus entière liberté entre
la régence et le Caire. Malheureusement, l'éva-
cuation de l'Egypte rendit inutiles ces immenses
avantages.

Si le grand port syrtique n'est pas troublé par
une importante presse locale, il n'en reçoit pas
moins bon nombre de journaux étrangers. Comme
la langue italienne est seule comprise par les
habitants, toutes ces feuilles périodiques viennent
de la péninsule. Les journaux siciliens s'y font
remarquer par une animosité particulière contre
tout ce qui semble compromettre l'hégémonie du
Quirinal. Je ne tardai pas à l'apprendre à mes

dépens. Le 23 mai, le *Giornale de Sicilia* publia un article dont voici la teneur :

« L'arrivée continuelle, dans Tripoli, d'officiers français voyageant incognito, commence à alarmer l'élément européen et surtout les Italiens, qui soupçonnent dans ces manèges un guet-apens et une nouvelle *Kroumirade*. Ces touristes sans gêne, au lieu de se contenter des gîtes habituels des voyageurs ordinaires, qui se bornent à visiter le port et admirer la beauté du site, s'introduisent partout, escortés de gardes et patronnés par l'autorité musulmane. L'élégant kodak à la main, ils pénètrent jusqu'au fond du vilayet et jettent l'alarme parmi les populations, qui redoutent depuis vingt ans une invasion française. Nous sommes aujourd'hui sous le coup de l'émotion produite par l'étrange mission confiée à un Français par son Gouvernement. Nous savons qu'il est chargé d'explorer les routes de la Tripolitaine et de fournir la relation la plus détaillée à ce sujet. Ce voyageur a acheté des chevaux et des chameaux. Sans la moindre difficulté et sous le couvert de la police locale, il a mené à bonne fin ses recherches. On le dit parti pour Rhadamès dans le but de préparer les voies à ses compatriotes. Que va faire l'Italie ? Toute hésitation de sa part aurait les plus fatales conséquences. Suivant les meilleurs renseignements, les troupes françaises se mettent en mouvement du côté de la frontière tunisienne et tout cela annonce la nouvelle *Krou mirade* dont nous avons parlé. »

Il s'est trouvé des lecteurs assez naïfs pour prendre au sérieux le trop imaginatif auteur de cet article.

Diverses emplettes m'amènent dans le magasin d'un des principaux négociants israélites, qui me donne à examiner des baracans de soie brodée. Ces riches vêtements sont destinés à un roitelet nègre du Sokoto. Il y a cent ans, les sultans soudanais venaient faire eux-mêmes leurs achats à Tripoli et à Tunis. Les Arabes du littoral les recevaient en grande pompe. On conserve ici le souvenir d'un monarque du Bornou, qui séjourna dans le port après avoir visité Tunis. Les trois plus belles femmes de son harem l'accompagnaient, et l'une d'elles, fort intelligente, apprit couramment l'italien avec les captifs de ses hôtes.

Les autres monarques du Soudan redoutaient fort l'armée bornouane dont on vantait au loin le nombre et le courage. On disait que, lorsque le roi de Kouka mettait ses troupes en campagne, il faisait poser un dattier en travers de la porte de la capitale et qu'à la fin du défilé le tronc se trouvait complètement usé par le passage des fantassins.

Depuis deux jours, on s'amuse beaucoup de l'aventure d'une jeune Sicilienne qui s'est cachée à bord d'un navire pour suivre un chauffeur. On a perquisitionné dans tout le bateau pour la trouver. L'enfant — elle a treize ans — est enfin dénichée entre deux matelas, dans le *poste* des marins. On l'adjure de dire le nom de son ravisseur; elle refuse. On la menace; elle écarte impassiblement sa chevelure défaite et répond par les trois seuls mots de français qu'elle connaissait : « Je m'en f..... » Tous les rieurs se mettent aussitôt de son côté, y compris les parents qui, un instant auparavant, menaçaient de la tuer et qui finissent par consentir à son départ.

Comme nous partons demain à la pointe du jour, ma chambre devient le théâtre d'encombrements et de bousculades, inséparables des derniers préparatifs. La pièce est pleine de selles, de harnachements, de couffins, d'ustensiles de cuisine qu'il faut enjamber au milieu des sacs de riz, d'orge, d'oignons et de charbon, parmi les paniers de légumes, les boîtes de conserves, les jarres d'eau ; car il faut tout emporter quand on affronte le désert. Entre les divers centres administratifs où je serai sans doute bien accueilli, il y a de vastes espaces arides ; le combustible y fait aussi bien défaut que la boisson. Le cawas Mohammed a été chargé de tous les achats. Il s'en est tiré à merveille.

Le consul tenait à ce que j'eusse pour guide un Arabe nommé Hamer, qui avait été pendant de longues années le serviteur fidèle de son beau-père. Lui seul connaît assez bien le pays pour me conduire aux ruines plus ou moins éloignées de notre chemin. Comme cet Arabe fait partie d'une tribu nomade du Tarounha, une lettre a été expédiée au cheik par le bureau le plus voisin. Hamer s'est mis aussitôt en route, et, quarante-huit heures après, il arrivait, juste à temps pour m'aider au dernier paquetage.

Avant de nous séparer pour dormir, j'invite le sous-lieutenant de zaptiés, qui devait commander mes escortes, à prendre un verre de bière avec l'Arabe. Ni l'un ni l'autre ne connaissent un mot de français.

Le Turc Forounda s'empresse d'accepter la boisson fermentée, en émettant quelques plaisanteries libres-penseuses à l'égard du Koran : Hamer refuse le breuvage comme un poison. Mon cuisinier Abdou-Slam, grand mulâtre fezzanais, qui me sert dès maintenant d'interprète avec ses quelques mots d'italien, refuse également de vider le verre.

Mon futur guide est presque un vieillard, mais ses yeux perçants ont gardé toute leur jeunesse. Il a beaucoup de noblesse dans l'attitude; sa physionomie ne se départit pas d'une gravité digne, même quand il sourit. Lorsqu'il était au service du consul anglais, il voulait toujours être emmené en Angleterre, pendant un des congés de sir Hays.

« Mais pourquoi donc, lui demanda un jour le consul britannique, me harcèles-tu à chaque départ pour que je t'emmène? — Parce que, répondit Hamer, quand vous arriverez en Angleterre, la reine se mettra à sa fenêtre pour vous voir passer. Comme je serai à côté de vous, elle demandera qui je suis, et vous serez forcé de lui répondre : c'est Hamer du Tarounah. »

CHAPITRE IV

En route. — Les sables. — Mitraille d'insectes. — Vipère à
cornes. — Poteaux importuns. — El-Kedoua. — Les Ouadi
— Ascension pénible. — Les Hautes Terres. — Parfum des
figuiers. — Le kasr Gariana. — Dîner et nuit dans le fortin. — Prière du matin. — Les Troglodytes. — Oasis de
Gariana.

AVANT l'aube, notre petite troupe est prête et
nos montures piaffent à la porte de la *locanda*.
Pour cette première étape dans le désert immé-
diat, je n'aurai pas d'escorte; le zaptié Forounda,
l'arabe Hamer et le mulâtre Abdou-Slam suffiront
amplement à mes besoins.

Je trouve l'oasis encore plus agréable par cette
matinée radieuse. Quand les gouttelettes de rosée
font scintiller les haies des clôtures, les plates-
bandes du sol, la frondaison intermédiaire des
arbres fruitiers et les hauts panaches des dattiers,
on croirait à peine que c'est l'oasis parcourue la
veille. Une circulation plus active de la sève a
reverdi les feuilles Au lieu de se soulever en

nuages suffocants, la poussière du chemin, alour-
die par l'humidité, remue à peine sous le sabot
des bêtes et répand une vivifiante senteur de terre
mouillée. Pendant un quart d'heure, le ramage
des oiseaux, l'éclat des fleurs, le parfum de toute
cette végétation en état d'allégresse nous pénètrent dans cette atmosphère désaltérante.

Mais soudain la lumière nous aveugle, et l'air
nous chauffe : c'est que les palmiers ont disparu
au-dessus de nos têtes. Nous sommes au bord du
désert. Devant nos yeux se déroule une étendue
infinie, onduleuse, blanche, sans une ombre, sans
une aspérité. Cette mer de sable aux réverbéra-
tions de fournaise est-elle bien le vrai désert?
On peut le contester au point de vue géogra-
phique, puisqu'elle est séparée du Sahara par les
montagnes vers lesquelles nous nous dirigeons.
Mais c'est déjà bien le « ghoud » avec ses vagues
mouvantes où les caravanes doivent soigneusement choisir leur itinéraire et fixer leurs étapes
d'après les puits.

Sur la lisière de la Mechya, une maisonnette
blanche semble nous adresser le dernier adieu de
la terre vivante. J'en vois sortir un négrillon dont
les haillons ne couvrent presque plus rien. Ce
gamin accourt à nous. Il a remarqué les allures

NOTRE TRAVERSÉE DE L'OASIS DE TRIPOLI.

messéantes de notre bourriquet et il se propose comme ânier. Mais il pose en même temps ses conditions qu'il doit sans doute trouver audacieuses, car il se redresse avec majesté pour fixer à neuf sous par jour la valeur de ses précieux services. Je m'empresse de joindre à notre personnel ce petit bonhomme qui entre aussitôt en fonction, en enfourchant le quadrupède.

Eh quoi, il partait ainsi sans prévenir personne? A mon offre d'attendre le temps nécessaire pour qu'il aille dire adieu aux siens, il répond par un haussement d'épaules et un signe négatif de la tête. C'est l'usage chez ces déshérités : ils quittent père, mère, femme et enfants pendant quinze et vingt jours sans avertir personne. Ils entreprennent des tournées de 500 kilomètres sans autre préparatif que de retrousser leurs inutiles guenilles. Pour eux, l'espace et le temps ne comptent pas, ils en ont de reste.

Je pénètre avec joie dans le brûlant et mou tapis du désert. C'est vraiment un beau spectacle que ces océans de blancheur sous la voûte bleue du ciel. L'absence de détails accentue la grandeur de ces paysages du néant.

Notre petit peloton attire des hirondelles que les distances et la réverbération nous avaient empéchés de voir tout d'abord; elles nous suivent en tournoyant.

Je ne sais où les géographes ont pris les ouadi dont ils ornent leurs cartes dans cette partie du désert. Ces sillons n'existent pas ici : les eaux superficielles de la montagne ne peuvent atteindre à découvert la plaine spongieuse où nous chevauchons, car, presque aussitôt après la sortie des ravins, elles se sauvent dans le sol qui les défend du soleil féroce. Là, elles s'étalent en nappes qui se révèlent sporadiquement dans les bas-fonds par une maigre végétation arborescente et de rares flaques boueuses, et non par des thalwegs continus.

On me montre une de ces taches verdâtres qui n'a rien de particulier, mais qui marque l'endroit où trois touristes allemands étaient parvenus lorsqu'ils furent invités par la gendarmerie turque à rebrousser chemin. La chaleur commence à me rôtir les épaules et j'éprouve des difficultés à respirer. Il faut bien le temps de s'y faire.

Combien cette patrie de la désolation a changé depuis l'époque préhistorique où l'on pouvait voyager jusqu'au djebel sans quitter l'ombre! Au dire des légendes, la Mechya de Tripoli serait l'unique vestige d'un immense paradis terrestre couvert des plus beaux arbres comme d'un toit et tapissé d'herbes grasses où d'innombrables brebis paissaient depuis la mer jusqu'aux Gariana. Mais un châtiment renouvelé de celui d'Adam et d'Eve transforma la région d'une manière qui vaut d'être contée. Les premiers habitants s'étant corrompus, Dieu permit à Satan de les punir. Celui-ci envoya près du rivage une superbe jeune fille à cheval sur un poisson d'or. Le fils du sultan accourut des Gariana et s'engagea à ne pas la retenir malgré elle, si elle consentait à quitter les flots. Aussitôt que l'étrange amazone eut lancé sa monture dans le fleuve, on lui ferma la retraite en jetant un barrage à l'embouchure, et on la poursuivit jusqu'à la source. Au moment où le parjure allait porter la main sur elle, un gouffre s'ouvrit : elle y disparut et, avec elle, toutes les sources de la contrée. La luxuriante végétation mourut sans plus aucun espoir de résurrection.

Après cette poétique évocation des premiers âges, je me trouve réduit à donner un détail qui n'aurait nullement embarrassé notre illustre Rabelais et dont les termes précis auraient provoqué le franc rire des gentes châtelaines du XVIe siècle. Pour ne pas choquer mes lectrices plus affinées, je tends un voile de gaze parfumée entre elles et

nos quadrupèdes, lorsque le sans-gêne de ces
derniers provoque le phénomène dont j'ai à parler.
A ces moments, nous voyons poindre de tous les
alentours, où pas un grain de sable ne bougeait
une minute auparavant, des bandes d'insectes ai-
lés et noirs qui se concentrent avec une furie de
mitraille. Ils accourent comme des flèches, bourdonnent comme des batteuses et se précipitent à
terre où ils forment de grosses perles qu'ils roulent ensuite dans toutes les directions. Des com-
bats homériques se livrent entre les premiers assaillants et les derniers arrivés à cette curée. On
est stupéfié de constater chez des animaux aussi
petits des organes assez perçants pour découvrir
leurs eldorados à des distances prodigieuses.

Cet insecte n'est pas le seul habitant des sables.
Evidemment les fauves n'y pourraient vivre. L'expression « lion du désert » a toujours été une inep-
tie. Les carnivores, quels qu'ils soient, ne fré-
quentent jamais les lieux où ils ne trouvent pas
de mammifères à dévorer. C'est pourquoi le Sahara n'a pas entendu un seul rugissement de félin,
si ce n'est à la limite de l'Atlas ou du Soudan.
Mais la chaude couverture des poussières désertiques recèle, à côté des insectes gourmands dont
nous venons de parler, un reptile fort dangereux

avec lequel je fais connaissance dès cette première journée. Comme nous venons de mettre pied à terre, nos yeux sont attirés par une sorte de lacet grisâtre qui se tortille sur le sable même et y trace une cannelure continue. C'est une vipère à cornes. Hamer, Abdou-Slam et le négrillon remontent vite à cheval. Le zaptié tire son sabre et part en guerre contre le serpent, mais l'ardeur de la température a rendu toute sa vigueur à l'horrible bête que l'on trouve généralement engourdie. La voyant relever la tête et braquer sur lui des regards en aiguille, Forounda s'arrête. Force m'est d'intervenir pour ne pas laisser au céraste une trop humiliante opinion de notre humanité. D'un coup de bâton je broie la tête du reptile, regrettant qu'aucun peintre ami ne m'ait surpris dans cette attitude d'archange Saint-Michel.

A midi, par une température de haut-fourneau, nous atteignons le Souani Beniadi, palmeraie artificielle et close. Les monts Gariana apparaissent pour la première fois à l'horizon, sous forme de mince liséré qui se distingue encore difficilement de l'azur du ciel. Nous croisons un détachement de soldats turcs, une relève partiélle des postes de l'intérieur. Ces militaires cheminent sans aucun ordre, individuellement, à grande distance les uns des autres, tenant leur fusil par le canon sur l'épaule. Pour remédier à l'insuffisance de leur chéchia rouge, ils protègent leur nuque avec des mouchoirs à carreaux.

Mais que vois-je soudain? Parallèlement à notre piste, quelles sont ces tiges hautes et cylindriques qui émergent du sol, à intervalles égaux, et qu'un mince cordon, aux courbures de guirlande, relie par les extrémités supérieures? On dirait une ligne télégraphique... Hélas, c'en est une!

Ainsi, dans ce désert où j'admirais une des rares survivances du monde primitif, je me trouve cheminant le long d'un distributeur de *petits bleus!* Nous venons en effet d'être rejoints par le fil qui unit Tripoli aux autres centres administratifs. Cette ligne court d'une ville à l'autre, en tous sens, tissant un réseau complet. Et voilà déjà trente ans que le fil de fer, planant ainsi sur le sol friable du désert, vibre au souffle du simoun!

Les poteaux se dressent si droits, si bien cylindrés, que je m'approche pour les examiner. Ils sont en fonte, sans doute parce que, s'ils étaient en bois, les caravaniers n'hésiteraient pas à les déplanter pour en faire du feu. Et ils portent naturellement une marque anglaise, parce qu'il n'y a pas d'autre marque dans les pays exotiques.

LE MOUDIR DE KASR-EL-KEDOUA.

A mesure que nous avançons vers l'étape du soir, le sol se durcit et jaunit. Bientôt nous distinguons des champs d'orge, très grêles. Ils forment de grandes esplanades blondes, avec des archipels de lentisques arborescents. Derrière ces bosquets sporadiques, apparaissent des indigènes occupés à la moisson, et des troupeaux de brebis. Nous pénétrons sur un district à demi fertile, égaré dans l'aridité des basses régions et dont le centre administratif va nous abriter.

Le *kasr*, déformation du mot algérien *ksar*, est une forteresse, un réduit quadrangulaire dans lequel les Turcs abritent leurs fonctionnaires et la petite garnison qui les protège.

A El-Kedoua, il n'y a aucun village. Les cultivateurs, tous nomades, appartiennent aux régions montagneuses. Ils en descendent pour semer les champs de ce district et remontent dès que la récolte est terminée. Leurs nuits s'écoulent à la belle étoile, sous des abris improvisés de vieilles toiles et de fagots. Comme il y a des impôts à prélever sur les meules d'orge, le Gouvernement entretient dans le kasr un *moudir* qui cumule les fonctions de sous-préfet, de percepteur et de juge de paix.

On m'installe près de la prison où quelques

cheiks arabes expient des retards d'impôts. Tous les prisonniers du monde devraient être musulmans. Ces gens-là ont un fatalisme irréductible qui leur fait prendre en patience les pires adversités. Les captifs que je contemple à travers les barreaux de leur fenêtre ont l'air aussi béatement tranquilles et satisfaits que s'ils se prélassaient dans leur demeure habituelle.

Un maréchal-ferrant de la localité se présente au moment où la longue fatigue de la selle indigène me fait succomber au sommeil. Il se met à ferrer les chevaux pour les futurs sentiers de la montagne, et je perds la notion du réel au rythme martelé de la forge.

Le lendemain, le signal du départ est donné. Le moudir, qui veut nous accompagner jusqu'à la limite de son domaine administratif, enfourche une mule. Ce quadrupède, beaucoup plus endurant et vigoureux que la plupart des chevaux tripolitains, est la noble monture des civils. Le vali lui-même s'en sert lorsqu'il accomplit des tournées. La bête de mon hôte, luisante et dodue, mérite tous les éloges; mais ce que j'admire le plus, c'est sa selle turque, large, bien capitonnée et dépourvue de ces appendices verticaux qui ornent si malencontreusement la mienne.

Parmi cette cavalcade qui fait trembler le sol, je remarque un officier maniant avec la plus grande élégance un magnifique cheval arabe. Bien assis dans sa selle, avec le haut du corps droit et la jambe descendue, il rappelle nos plus brillants officiers de Saumur. Sa bête, toute noire, se cabre avec la plus gracieuse vivacité sur ses jambes fines, dodeline de son col arqué, lance des fusées de vapeur par les narines dilatées et exécute fougueusement des changements de pied superbes. J'ai rarement vu autant de grâce associée à autant d'énergie.

Dans l'atmosphère vibrante et radieuse, deux éclaireurs partent en avant, l'arme en arrêt. Toute l'escorte s'ébranle au galop. Nous caracolons à la débandade, sous la brise matinale qui fouette nos visages. Les burnous flottent au vent, les fusils en bandoulière exécutent des danses folles.

Lorsque la piste cesse de traverser des champs d'orge pour reprendre son sillage sur un sol dénudé, le moudir nous fait ses adieux.

J'interroge mes guides sur les puits et les bas-fonds que nous rencontrons. Pas un nom ne correspond à ceux des cartes. Je ne vois pas non plus ces avant-monts que l'on dessine toujours entre les hauts-plateaux et le littoral.

Devant nous la silhouette des Gariana grandit et sa teinte s'accentue. On distingue de plus en plus les détails du versant abrupt. La verticalité violette s'incline, tandis que la base verdit, et que la crête se dore.

Lorsque nous abordons la dernière zone des plaines, le sol se couvre des éboulis de la montagne, et je vois pour la première fois des thalwegs de ouadi. Ces ravins encaissés ne possèdent pas le moindre filet d'eau en ce moment, mais les berges se recouvrent de buissons et d'herbes folles. Maintenant les Gariana nous dominent de leur gigantesque muraille jaunâtre, crevassée profondément par des gorges dont les débouchés disparaissent sous de luxuriantes oasis.

Il est cinq heures lorsque nous touchons au pied de cette muraille, et déjà nous sommes parvenus insensiblement à 300 mètres d'altitude. L'oasis que traverse le sentier nous offre un délicieux ombrage pour préparer nos forces à la pénible ascension du versant.

Un des zaptiés détache l'alcarazas pendue à sa selle et l'emplit dans le ruisseau qui bruit sur un fond de cailloux blancs, parmi l'ombre verte. Le goulot passe ensuite de bouche en bouche et chacun y jette son mouchoir en guise de filtre, car

LIT DESSÉCHÉ D'UN OUADI.

l'eau superficielle de ce pays est toujours riche en insectes.

La montée ne saurait être facile quand il faut

LE DÉSERT TRIPOLITAIN ET LES MONTS GARIANA.

s'élever de 350 mètres sur un versant dont la crête surplombe la base. Il n'y a pas de route frayée : nous suivons les reliefs les plus praticables, en remorquant nos chevaux à la bride. Les pauvres bêtes, presque verticales, battent l'air avec leurs sabots pour trouver des pierres fixes.

La tranche qui se dresse nettement sur les plaines est rayée sur tout son développement par des strates d'une horizontalité et d'une alternance si parfaites qu'un topographe y trouverait des courbes de niveau toutes tracées. Le soleil y darde ses rayons les plus aigus.

Dès que nous dépassons la crête, c'est un changement complet de décor : les champs d'oliviers se déroulent vers le sud, avec leurs arbres de dimensions colossales mais trop espacés. Un air moins pesant et sensiblement plus frais dilate les poumons contractés par une journée torride. Ils sont indubitablement très vieux ces oliviers dont le feuillage dru tache de larges ombres rondes la surface mamelonnée et jaunâtre du plateau. Comme personne n'a pris le soin de les greffer, leur huile a la réputation d'être amère et rance. Ici, la propriété privée, dont nous avons oublié l'existence depuis la Mechya de Tripoli, recommence, car nous trouvons de nombreux talus de fermeture sectionnant l'ensemble de la végétation. Des pitons volcaniques surgissent à 200 mètres au-dessus de la nappe ambiante et de profondes gerçures mettent à jour l'épaisse couche calcaire du sous-sol. Pour distinguer les habitations, il faut raser les murs des clôtures, tant elles sont basses et dissimulées dans les replis du terrain. Ce qui les révèle le mieux, ce sont les aboiements persistants des chiens. Ces roquets blancs et efflanqués s'efforcent de sauter aux jambes de nos montures

LE DÉSERT TRIPOLITAIN ET LES MONTS GARIANA.

et nous avons beaucoup de peine à les tenir à distance.

Les monts Gariana appartiennent à cette série de hautes terres qui continuent en Tripolitaine les montagnes du sud tunisien. Avec le djebel Yffren et les Nefoussa, ils forment la modeste extrémité orientale de l'Atlas qui s'affaisse progressivement depuis les chaînes élevées du Maroc jusqu'aux petites terrasses du Tarounha et du Msellata, aux environs de Leptis Magna. Toute cette zone se termine brusquement du côté de la Méditerranée par une falaise verticale où de nombreux ouadi ouvrent des baies encombrées d'éboulis. Elle descend, au contraire, en pentes douces vers les déserts pierreux de la Hammada el Homra, qui la séparent des autres chaînons de l'intérieur et du Sahara. Cette inclinaison se constate aux strates que les échancrures des ouadi rendent visibles. Comme les couches sous-jacentes continuent à monter régulièrement depuis le sud jusqu'à la crête de la falaise et que les *témoins* observés dans le milieu de la plaine ont une stratification inclinée en sens contraire, il est probable que la ligne de partage des eaux se trouvait autrefois plus rapprochée de la mer et que le faîte a été reculé par l'érosion des eaux (à moins que nous ne nous trouvions là en face d'un phénomène géologique qui aurait produit un affaissement de toute la zone littorale, en l'abaissant de 300 mètres).

Le djebel tripolitain est habité par une population clairsemée de Berbères dont le courage était autrefois célèbre. Mais l'amour de l'indépendance semble éteint aujourd'hui et les Turcs y dominent en maîtres incontestés. Il n'en était pas ainsi en 1845 lorsque les troupes du sultan entreprirent la conquête sanglante de ces montagnes. A cette époque, la politique française s'alarma des succès du sultan parce qu'elle y vit une menace pour la Tunisie, dont nous étions les alliés. Les Turcs, en effet, cherchaient à s'emparer de Tunis. A diverses reprises, ils avaient fait par mer des tentatives infructueuses contre le bey. Tahir Pacha, en 1837, faillit cependant réussir, et n'échoua que grâce à la présence des amiraux Lalande et Gallois devant La Goulette. Ils espérèrent alors tourner le problème par voie de terre. Comme le littoral présentait d'insurmontables difficultés, à cause de la proximité de nos navires, ils gagnèrent les djebel. Par ces terrasses éloignées du rivage, ils pouvaient accéder librement au sol tunisien, en suivant les routes frayées par les ouadi et en s'appuyant aux places fortes échelonnées le long du trajet. Sans risques sérieux, ils aboutissaient à Nefta, à trois journées de Tunis.

La Porte prépara longtemps cette invasion. Elle envoya dans le beylicat des agents secrets pour fanatiser la population. Trois mille volontaires arabes furent incorporés à Rhadamès et l'ambitieux Méhémet-pacha, généralissime du sultan, parvint à grouper une armée de 35 000 hommes. Les événements ne lui permirent pas de donner suite à ses projets, mais la Turquie n'en garde pas moins, avec les Nefoussa, l'Yffren, les Gariana et le Tarounha, la véritable artère septentrionale de cette partie de l'Afrique, celle que les Romains avaient déjà employée en construisant la route de Tacape (Gabes) à Leptis (Homsk).

Le soleil baisse vite. Les surfaces deviennent plus tourmentées et prennent les allures de la grande montagne. Nous traversons dans le crépuscule une large vallée réellement fertile. Je pressens à certaines clartés vagues que nous arrivons aux étagements culminants de la contrée. Nos chevaux tâtonnent pour trouver leur chemin entre les arbres fruitiers qui se resserrent autour de nous en rangs pressés. Je me sens bercer par une réminiscence persistante des montagnes de Sorrente. Les détails méconnaissables

du chemin captivent bien parfois ma curiosité,
mais l'obsession de la presqu'île napolitaine revient plus tenace encore. Je finis par en deviner

EN MARCHE DANS LES MONTS GARIANA.

la cause : c'est la pénétrante senteur des figuiers
en fleurs qui me reporte aux vallons parfumés de
la patrie du Tasse.

Derrière ce feuillage épais, le kasr Gariana es-
tompe au sommet d'un mont ses hauts remparts
et ses lourds bastions. Les feuilles des figuiers
font, dans l'ombre, l'effet de mains, et lorsque la
brise les heurte les unes contre les autres on
dirait qu'elles applaudissent.

Les autorités militaires et civiles accourent à
nous : d'abord l'aumônier militaire de la garnison, puis un colonel en inspection et ses officiers,

LE KASR DE GARIANA.

enfin le kaïmakan avec tous ses subordonnés.

Le préfet me prend sous le bras et m'entraîne,
à travers une foule de terrasses irrégulièrement
étagées, à l'appartement réservé aux voyageurs de
marque. Un jeune lieutenant parle italien, et c'est
une véritable aubaine, car mon cuisinier interprète

ne sait pas le turc et lés Turcs du kasr ne savent pas l'arabe. Je puis donc causer directement avec le gradé osmanli qui transmet mes paroles à ses compatriotes. Décidément la langue italienne est indispensable en Tripolitaine.

Comme le repas du soir a déjà eu lieu dans la garnison du fortin, on m'apporte une table dressée où je dîne seul. Cinq ou six soldats-ordonnances font activement le service autour de ma personne. Ils déposent les plats sur la nappe et se retirent à reculons, la main gauche sur le cœur, comme le veut l'étiquette du respect chez les Turcs. D'autres serviteurs amoncellent tapis sur tapis pour couvrir le plancher. Un échanson se tient en permanence derrière moi pour me verser à boire; mais, comme il n'a qu'une carafe d'eau, je fais de fréquents emprunts à ma gourde.

Le repas terminé, je vois revenir le kaïmakan et tout son monde. Chaque visiteur se débarrasse de ses babouches avant d'avancer sur les tapis, et s'assied à terre. Les premiers font de cérémonieuses salutations à ceux qui s'installent après eux, car manquer à ces formules serait de la dernière inconvenance. Les retardataires ainsi salués répondent par le même geste des doigts portés à la bouche et au front. Ces révérences répétées par chaque arrivé à chaque arrivant se multiplient à l'infini.

Je trouve ma chaise bien haute devant ce demi-

INTÉRIEUR DU KASR DE GARIANA.

cercle de compagnons accroupis, et je descends de ce trône pour m'asseoir aussi sur le tapis, au centre de mes hôtes comme un chef d'orchestre. Mais l'inhabitude de la position en tailleur m'occasionne des fourmillements insupportables aux jambes, et je passe mon temps à changer l'ordre dans lequel mes mollets sont croisés.

Au moment du coucher, Abdou-Slam et Forounda s'épuisent à souffler les dix ou douze lampes à pétrole qu'on avait allumées dans la pièce. Subitement, les rayons de la lune pénètrent par toutes les fenêtres avec une intensité de lumière électrique. L'intérieur, tout doré la minute précédente, devient bleu comme dans les transformations du *Châtelet*. Au même instant, le clairon sonne l'extinction des feux et le silence se fait partout dans la forteresse. D'un côté, j'aperçois la montagne argentée, dont l'immobile tumulte ressemble à des vagues figées; de l'autre, les terrasses carrées du kasr se tassent comme des tombes resplendissantes. Je me crois dans l'entrepont d'une galère antique, amarrée à une nécropole mystérieuse, tandis que l'autre bordée fait face à une tempête immatérielle. L'illusion est d'autant plus complète que les fenêtres ont des airs de sabords. Elles se maintiennent fermées au moyen de vieux boulets rouillés qu'on pousse contre les châssis. Aussitôt mes serviteurs partis, je me laisse aller à une étrange rêverie où je me vois comme le nautonier solitaire d'un vaisseau fantôme...

Allah akhbar! Dieu est grand! C'est le cri qu'un soldat, juché sur la plus haute terrasse du kasr, lance à l'aurore d'une voix perçante pour donner le signal du réveil. Puis ce même assesseur de l'aumônier continue la première prière du jour, celle du prophète Adam, laquelle sera suivie à différentes heures par les quatre autres des prophètes Abraham, Jonas, Moïse et Jésus.

L'aube envahit ma chambre par tous les côtés. Au dehors, les clairons sonnent la diane, les chevaux hennissent et notre petit âne brait avec une véhémence où se manifeste le désir de ne pas être oublié dans la distribution des rations. L'air est presque froid. Nous sommes à l'un des points culminants de la région; mes instruments ont marqué 710 mètres d'altitude.

Les remparts étincellent déjà sous le soleil. Je me promène sur la muraille épaisse et creusée de nombreuses chambrées, qui plonge à pic sur des précipices; car la forteresse est bâtie à l'extrémité d'un éperon contourné par deux ravins. La position, admirablement choisie au point de vue stratégique, domine une large dépression qui débouche dans la plaine et qui sert de route aux caravanes du Fezzan. Le kasr Gariana commande l'un des principaux passages des djebel.

Sur trois côtés, les fortifications seraient imprenables à l'assaut, non seulement à cause de leur hauteur, mais parce que les abords plongent presque verticalement à des profondeurs de 200 mètres dans les ravins. Ce nid d'aigle offre de grandes analogies avec ceux que se construisaient les seigneurs féodaux dans l'Auvergne et le Dauphiné. Mais son audacieux et aérien isolement ne le rendrait que plus tangible aux obus d'une artillerie sérieuse qui parviendrait à occuper les hauteurs environnantes. Ce serait, j'imagine, un imposant spectacle que celui de ces murailles éclatant sous les projectiles et roulant avec fracas dans l'abîme.

Le fond d'un des ravins disparaît sous une belle oasis qui ombrage un ruisseau permanent.

Les habitations des fonctionnaires consistent en cubes de maçonnerie mal équarris, mal crépis, étayés et superposés dans le plus grand désordre sur les murailles et contre leur face interne. J'entrevois à la dérobée plusieurs chambres, toutes dépourvues du plus modeste mobilier : une natte, un matelas et une cuvette suffisent au bonheur des Turcs les plus élevés en dignité, quand ils n'ont pas subi l'influence de notre civilisation.

Le kaïmakan et le colonel me rejoignent sur les remparts. Ils me proposent de visiter les habitations souterraines de la localité, et nous nous dirigeons vers les troglodytes tripolitains dont on

a tant parlé parce qu'ils étaient célèbres dans l'antiquité. Ces troglodytes composent la population
tout entière de Gariana. Il n'y a pas de village ap-

HABITATIONS TROGLODYTES DE GARIANA.

parent à côté du kasr; au lieu de sortir du sol en
relief, les habitations y entrent en creux. Elles
sont le contraire de nos maisons, comme un puits
est le contraire d'une tour.

Les indigènes Berbères, très mêlés à ce qu'il semble, s'abritent depuis des siècles dans de vastes puisards carrés dont les parois se percent de portes aboutissant à des chambres. Le seuil de ces portes est de niveau avec le fond de l'excavation verticale, sorte de cour à 6 ou 8 mètres au-dessous des champs d'orge et de figuiers.

Lorsque le kaïmakan me prie de descendre, je le regarde avec étonnement. Descendre par où? Alors, le préfet me montre une ouverture pratiquée dans le champ, à dix pas de la grande fosse, et dérobée aux regards comme les orifices des anciennes catacombes romaines. Nous nous engageons dans un couloir tout à fait sombre, extrêmement étroit, et dont la pente fort raide nous entraîne au pas gymnastique au fond du puisard. Le boyau en spirale par lequel nous venons d'aboutir dans cette excavation à ciel ouvert, serait impraticable pour quiconque voudrait y pénétrer contre le gré des habitants. Avec une mauvaise lance, un seul défenseur fermerait le passage à dix agresseurs. Il est certain que les troglodytes de Gariana ont pensé tout d'abord à leur sécurité, lorsqu'ils se sont résolus à construire des vestibules aussi incommodes.

Les portes des quatre parois donnent accès à de

vastes chambres souterraines, dont le plafond creusé en voûte est sculpté d'ornements bizarres. Chacune de ces pièces abrite une famille et équivaut par conséquent à une maisonnette de village. Les hardes pendent dans un coin, les nattes sont étendues dans un autre. Les ustensiles de cuisine chauffent sur un foyer sans cheminée ; car ces habitations n'ont pas de conduits ascensionnels pour le dégagement de la fumée.

L'avantage de ces caves, c'est qu'il y fait frais pendant la journée et qu'on n'y éprouve pas la froidure des nuits. Il y a tout à parier que les habitants préféreront longtemps encore leurs réduits obscurs aux plus belles bâtisses de Taraboulos[1].

Des portes plus basses donnent sur les caveaux remplis de grains, d'instruments aratoires, de provisions diverses. A côté de ces greniers en contre-bas, s'ouvrent les étables, car tout le bétail descend chaque soir par le couloir en spirale : les bœufs s'y faufilent, tout comme les ânes, les moutons et les poules.

En ce moment l'étable est vide, les animaux sont aux champs, là-haut avec les hommes. Il ne reste dans le sous-sol que les femmes et les en-

1. Nom turc de Tripoli.

fants. Je tente de photographier les maîtresses de maison, mais elles s'y opposent formellement et s'enfuient au fond des logis. Ces pieuses musulmanes se considéreraient comme déshonorées, disent-elles, par la moindre effigie de leur personne. J'en suis réduit à braquer l'objectif sur des parois dégarnies, ou seulement animées par la silhouette de mes compagnons.

Revenus à la clarté du dehors, je veux tirer une épreuve du kasr et de ses alentours, mais je m'aperçois qu'il ne reste plus de plaque disponible dans l'appareil. Où donc armer le détective? Je chercherais inutilement dans toute la forteresse un endroit à transformer en chambre noire, car la lumière fulgurante d'Afrique pénètre dans les moindres recoins de la surface terrestre. J'ai heureusement à ma disposition ces souterrains qui s'offrent partout autour de nous. C'est un abri inespéré et parfait pour une manipulation qui exige l'obscurité complète.

En quelques minutes, me voilà installé au fond de catacombes abandonnées, que les indigènes ont tranformées en pressoirs d'huile. Le kaïmakan m'y a conduit par la main, à tâtons, et tout l'entourage nous suit. Après des enjambées hésitantes et bon nombre de faux pas dans les trous, nous sommes

TROGLODYTES DE GARIANA.

arrivés à une cellule terminale que 50 mètres de couloirs en tire-bouchon séparent de l'orifice. La lanterne jette une très faible lueur de sanguine sur le sol où je m'accroupis pour armer le détective, tandis que le kaïmakan me passe obligeamment les plaques. Au-dessus de nous, les têtes penchées des spectateurs s'estompent en rouge comme des démons conspirateurs. La curiosité maintient le silence. On dirait un conciliabule de l'enfer, une cérémonie de magie funèbre où je joue le rôle de sorcier principal. Voilà une chambre noire peu banale.

Une longue promenade autour de l'éperon de la citadelle solitaire me permet de contempler de lointains horizons et de constater que la fertilité du sol ne dépasse guère le district même de Gariana. En dehors de ces plantations d'oliviers et de figuiers, on ne rencontre que de rares oasis. Le reste des étendues montueuses n'offre un peu de végétation que dans les ravins des ouadi : acacias, lentisques et pistachiers. Il y aurait une fructueuse industrie à créer avec la gomme abondante des acacias tripolitains.

Le kaïmakan a fait dresser le couvert du déjeuner dans l'oasis du ravin, et nous y descendons par des sentiers de chèvre. C'est une volupté de l'œil

que de voir d'en haut un pareil amas de verdure.
Que d'exquises fraîcheurs on devine sous ce providentiel ombrage ! Les palmes des dattiers s'en
élancent comme des poissons volants; les plus
hautes branches des orangers brandissent triomphalement leurs fruits d'or et les grenadiers agi-
tent avec coquetterie leur floraison rutilante. La
place est bonne sans doute, car les arbres s'y
pressent, s'y étouffent, sur moins d'un kilomètre
de longueur. Le mois d'avril y apporte généralement un abaissement de la température, tandis
que celui de mai renouvelle l'élévation inopinée
de février.

Malgré le soleil ardent de midi, nous trouvons
une pénombre douce au bord du filet d'eau dont
les cascatelles presque invisibles bruissent sur la
roche. Le couvert est mis sous un vaste citron-
nier qui s'étale avec les airs protecteurs d'un parasol. A travers la cohue de branches, les serviteurs vont et viennent; les fourneaux improvisés
fument dans l'herbe; la graisse chante dans les
casseroles; les feuilles et les fleurs se détachent
sous le chassé-croisé des oiseaux et tombent sur
nos épaules.

Deux opérations importantes précèdent le repas
des Turcs : la dégustation du café trouble, en

guise d'apéritif et le lavage des doigts qui serviront de fourchettes. On éprouve un vif dégoût lorsqu'on voit pour la première fois les phalanges de tous les convives disparaître dans le plat commun, déchiqueter la viande et en ressortir ruisselantes de jus. Je prends cependant mon courage à dix doigts, et je fais comme mes deux commensaux. De notre table, les mets passent au tapis des convives subalternes et se vident rapidement sous les nombreuses mains qui y pianotent avec une extrême agilité. Nous absorbons très vite du mouton sauté, du riz au raisin, de la salade aromatisée et des gâteaux à la graisse. Un verre de lait aigre est apporté devant moi, mais je lui préfère l'eau trouble du ruisseau.

Aucune étiquette n'est observée par les convives; chacun s'en va quand il lui plaît, quelquesuns dès le premier plat. A mesure que les dîneurs se retirent, un soldat se présente à eux avec un bassin de cuivre et une aiguière. Ils se lavent les mains et la barbe avec du savon, sans omettre de se gargariser la gorge, en puisant la grasse lessive dans le creux de leurs mains.

Après le repas, tout le monde se met en prière, pêle-mêle, à l'endroit où chacun se trouve. Un commandant a pour voisin le cuisinier de son effectif. Le colonel s'incline avec ferveur entre deux soldats qui viennent de laver la vaisselle. Tous se prosternent individuellement, se relèvent, tendent les bras en croix et s'agenouillent. Séparés les uns des autres par des touffes de buissons ou des troncs d'arbres, ils sont éparpillés dans la pénombre et cela produit une amusante oscillation de silhouettes dont les plus éloignées paraissent toutes petites dans la perspective profonde du sous-bois.

Les ablutions terminées, on me presse de questions sur l'Europe, la France, Paris. Je satisfais de mon mieux la curiosité de ces interrogatoires, et j'en profite pour me renseigner sur la contrée où je reçois une si courtoise hospitalité.

La montagne tripolitaine n'est pas riche en animaux domestiques. A part les troupeaux de brebis et de chèvres, qui paissent les pâturages sporadiques, on n'y trouve guère que de rares ânes et de plus rares chameaux pour les transports. Le cheval manque, sauf dans les plus belles oasis où le chef en possède deux ou trois[1]. Un peu de lai-

1. Dans toute la Tripolitaine, la faune sauvage est aussi pauvre que la faune domestique. Point de grands faunes, comme le lion et la panthère; le chacal et la hyène même ne sont pas nombreux; au Fezzan comme à Aoudjila ils sont remplacés par le *fennec* ou renard des sables, aux énormes oreilles tou-

tage, des dattes, des figues, une bouillie d'orge, composent la nourriture ordinaire des naturels. Le dattier est le grand bienfaiteur de ces solitudes africaines. Cet arbre élégant qui épanouit son panache à trente mètres de hauteur et qui pousse spontanément partout où l'humidité imprègne le sous-sol, n'ambitionne aucunement de « dormir la tête à l'ombre et les pieds au soleil » : il lui faut, au contraire, plonger ses racines dans la fraîcheur et rôtir son chef en plein air. Les lourdes grappes qu'il balance dans les ravins des Gariana préservent les habitants de la famine. Mais ses fruits, qui ne sauraient rivaliser avec ceux du Fezzan et de Misrata, ne s'exportent presque pas. La plupart des dattiers connus prospèrent ici. Ils servent non seulement à l'alimentation, mais aux constructions où les fûts font office de poutres; rien de plus solides que ces stipes formés des palmes successive-

jours frémissantes, qui guette près des masures et des tentes. Citons encore, entre autres quadrupèdes, quelques mouflons, des gazelles et antilopes, des lièvres, des sangliers même dans les endroits marécageux. Les oiseaux sont rares; dans le désert, au sud de la Cyrénaïque, ils sont tout à fait absents. Les reptiles et insectes, en revanche, sont relativement nombreux; les vipères, les scorpions, les lézards se trouvent un peu partout. Dans les cantons voisins de la Cyrénaïque, vivent des sauterelles dont les redoutables essaims viennent de temps à autre dévorer les récoltes.

ment durcies. On les emploie telles quelles, ce qui donne aux plafonds des apparences de cavernes.

Sans ce bon végétal géant, la vie n'existerait pas dans cette partie de l'Afrique. On peut dire qu'il y soutient l'homme. Aussi, les races indigènes se montrent-elles reconnaissantes envers lui. Elles le vénèrent comme une chose sainte. Les plus petits marabouts, les moindres tombes en sont ombragés[1].

D'autres productions secondent, il est vrai, ce père nourricier. L'orge pousse çà et là sur les

1. Au point de vue de la flore, on peut répartir les régions de la Tripolitaine en quatre zones principales : celle du plateau de Barka, celle du littoral Tripolitain, celle du djebel et celle du désert. Si, sur la partie supérieure du plateau de Barka il n'y a que des espaces grisâtres, recouverts d'une herbe rare avec çà et là quelques arbustes rabougris, il en est tout autrement sur les pentes, dans les vallées et les dépressions. Là croissent de grands arbres, des thuyas, des chênes verts, des cyprès majestueux, sans compter de véritables forêts d'oliviers sauvages. Dans les jardins des villes et des villages, poussent à profusion les bananiers, orangers, citronniers, pêchers, vignes, etc. — Le littoral tripolitain a une flore assez analogue à celle de la Cyrénaïque (plateau de Barka), mais beaucoup plus pauvre en espèces. — La flore du djebel, sur les points les plus élevés, paraît semblable à celle de la Kabylie, tandis que dans les parties basses c'est celle des oasis, avec des dattiers pressés les uns contre les autres. — La flore du désert est naturellement très pauvre; mais les oasis du Fezzan paraissent être la véritable patrie du palmier-dattier ; on n'en connaît pas moins de trois cents variétés, et c'est par millions qu'il y a des sujets.

pentes les moins rapides et les mieux abritées des
vents du sud. Mais ses tiges très espacées n'ont
qu'un rendement bien faible par rapport à l'étendue des champs. Il leur arrive même de ne pas du
tout sortir de terre, lorsque la sécheresse s'est
montrée trop excessive.

Parmi les arbres fruitiers dont l'oasis de Gariana
est avantagée, j'admire surtout le grenadier parce
que sa floraison écarlate jette une note harmo-
nieusement gaie parmi toutes les gammes de la
verdure. Quel n'est pas mon regret de ne pouvoir
goûter à la grenadine indigène, la vraie, la seule
qui mérite ce nom. A l'époque où le fruit est assez
mûr, les Tripolitains en expriment le jus dans des
récipients et le boivent aussitôt. Il paraît qu'on
ne peut rien imaginer de plus savoureux que ce
liquide rose et gazeux. Je me rattrape avec les
melons d'eau qui n'avaient pas fait ma joie en
Europe, mais qui désaltèrent agréablement dans
ce pays où l'on a toujours soif.

Je n'aurai garde d'omettre le henné et le safran
dans la nomenclature de notre oasis. C'est peut-
être d'ici que vient la teinte dont se parent certaines élégantes chevelures de notre capitale et
l'arome dont s'assaisonnent les bouillabaisses de
la Provence.

En remontant au kasr, nous côtoyons la lisière du bois, et j'y remarque des cabanes espacées à intervalles égaux. Elles servent d'abri aux sentinelles. Comme les plateaux sont généralement improductifs, contrairement à ce que proclament des apologistes intéressés, les maraudeurs viennent de très loin pour razzier ces arbres pendant la nuit. Parfois, ils parcourent des espaces incroyables pour venir ici garnir leurs estomacs. On les accueille à coups de fusil.

Le soleil couchant colore avec vigueur les monts et le kasr, tandis que les vallées se teintent de bleu sombre. La nuit arrive d'en bas. Comme le remarquait Victor Hugo, elle monte; c'est un contre-sens de dire qu'elle tombe.

Lorsque nous pénétrons sous la voûte de l'entrée, un Arabe déguenillé sort de la forteresse et s'en éloigne au pas accéléré. C'est le facteur. Une fois par semaine, le courrier est ainsi porté par un piéton à Tripoli. Pour un salaire de quelques sous, un malheureux indigène assermenté court nuit et jour pour remettre la correspondance des fonctionnaires de la montagne aux bureaux centraux du littoral, et vice versa.

Dans la soirée, la dernière que nous passerons ici, mes hôtes apportent tous leur chaise ou leur tabouret sur les tapis de la chambre, afin de m'éviter les tortures de l'installation à terre. Ces braves gens ne se lassent pas d'entendre parler des grandes villes de France, d'Angleterre et d'Allemagne. Paris surtout les fascine. Ils rêvent tous de voir Paris. C'est de Paris que viennent toutes les belles choses. A Paris, les *dames* doivent être splendides. Paris! Il n'y a que Paris, sous le ciel d'Allah!...

CHAPITRE V

En quittant le kasr Gariana, nous nous dirigeons vers l'Yffren par l'intérieur des hautes terres. Dans cette région, les monts s'aplanissent et la fertilité disparaît à mesure que nous avançons.

Nous marchons d'abord vers le sud pour nous éloigner de la bordure des plateaux, parce qu'elle est trop profondément échancrée de ravins et qu'elle nous obligerait à des montées et des descentes continuelles.

Après Kouléba et Tégrina, qui sont de modestes monts Saint-Michel, les restes de Zbéa prouvent que la région a été récemment dépeuplée par d'importants exodes. Les premiers Berbères font leur apparition. Leur tête carrée et leur taille, plus petite que celle des Arabes, les distinguent nettement. Ils se tapissent dans des souterrains, comme à Gariana. Nous devinons, aux aboiements des chiens, les demeures qui abritent des êtres humains. On ne peut imaginer d'animaux plus énervants que ces roquets blancs ; ils jappent avec une âcre fureur et sautent aux jarrets des chevaux trop résignés. Devant chaque habitation, nous sommes assourdis par ces concerts de crécelles. Quelquefois, notre attention est heureusement distraite de ce bruit irritant par l'apparition de silhouettes bleues. Ce sont les femmes berbères qui émergent des aloès et des palmiers pour connaître la cause de tant d'alarmes. Ainsi drapées à l'antique dans leur baracan d'indigo, elles rappellent de loin les madones de nos tableaux d'église.

Vers midi, nous croisons une caravane du Sahara. Trois routes conduisent de Tripoli à l'intérieur : l'une passe par le Fezzan ; les deux autres par Rhat et Rhadamès. Un quatrième itinéraire aboutit directement au Ouadaï, mais il part de Benghasi et touche à l'oasis d'Aoudjila.

Mes hommes s'abouchent avec les gens de cette troupe. Mon cuisinier Abdou-Slam surtout connaît ces errants avec lesquels il a fait plusieurs pérégrinations durant un mois pour se rendre dans sa

famille, à Mourzouk. Le chef de la caravane vient
me saluer avec la courtoisie la plus raffinée et me
témoigne sa joie de rentrer à Tripoli sans incident

RUINE DE GARIANA.

notable. Personne n'est mort en route, on n'a
même pas perdu un colis, ce qui vaut bien la
peine de remercier Allah.

Une trentaine de chameaux à la débandade
s'accroupissent en geignant. Les hommes crient
de tous côtés et fouettent les animaux à tort et à
travers. Mohammed Salam, le grand directeur de
cette chevauchée du Sahara, me fournit en sou-

riant toutes les explications que je lui demande. C'est un vieux routier, au regard éveillé, à la parole énergique. On conçoit aisément combien le courage et la décision rapide sont nécessaires à cet homme qui dirige une troupe au milieu des embûches continuelles des Touaregs et des Tibbous. Si la caravane tombe sous leurs coups, c'est la ruine pour Mohammed Salam et pour ses associés, les commanditaires de Tripoli.

Entre le Tchad et la côte, le danger ne cesse qu'à partir de Rhadamès où Sokna. Quand le voyage s'est effectué sans avarie, les bénéfices se chiffrent par 100 pour 100. Aussi les grands chefs, comme celui qui me donne toutes ces indications avec une pointe d'orgueil mal déguisée, jouissent-ils d'une haute réputation dans toute la Tripolitaine. Zegar, qui accompagna Monteil, Negiar, Larnoti, Zeglan, Tfaïri, Zekri, figurent en tête de la liste des Arabes vaillants et rusés, qui savent manier tour à tour les armes et la diplomatie pour échapper à l'ennemi.

Ce Mohammed Salam a quitté Tripoli, il y a deux ans, en plein automne. Après trois mois de rudes étapes à travers le Sahara, il est arrivé au Sokoto où il a déposé ses marchandises. Ses chameliers congédiés s'en sont allés prendre un engagement nouveau avec un autre caravanier qui s'apprêtait au retour ; ils emportaient la paye de ce trimestre de route, c'est-à-dire trente francs pour quatre-vingt-dix jours de labeur pendant lesquels ils s'étaient nourris à leurs frais, eux et leur bête. Il est vrai que les pauvres dromadaires ne coûtent guère en route, puisqu'ils se contentent la plupart du temps de branches desséchées, éparses sur le sol aride.

Du Sokoto, Mohammed a rayonné dans le Bornou et le Baghirmi avec ses produits européens et ce colportage lui a pris deux années, pour l'écoulement complet des marchandises, soie, toile, sucre, thé, perles, corail et parfumerie. Alors il a employé ses bénéfices à acheter des plumes d'autruches, des peaux et de l'ivoire, dont il a chargé des chameaux venus de la côte par une caravane récente. Et le voilà maintenant arrivé sur le littoral avec la certitude d'un beau bénéfice qu'il renouvellera en reprenant bientôt la direction d'une autre troupe.

La probité des caravaniers est proverbiale dans le désert. Lorsqu'ils découvrent les marchandises momentanément abandonnées par un prédécesseur en détresse, ils ne touchent pas au moindre ballot. Le collègue infortuné, dont les chameaux ont péri sous le sable, retrouvera ses biens intacts, quand il reviendra les chercher avec de nouvelles bêtes de somme.

On m'a cité un Arabe de Tripoli qui avait été pillé et ruiné par les Touareg, en 1880. Il ne se consola jamais d'avoir fait perdre 30 000 francs à son commanditaire et se jura qu'il les lui rendrait. Faute de capital pour continuer son trafic, il se mit à donner des leçons aux enfants, puis entreprit un petit négoce avec le produit de l'école. Le commanditaire mourut. Quelle ne fut pas la stupéfaction des héritiers en voyant un beau matin de 1899, près de vingt ans après la catastrophe, l'ancien caravanier se présenter à eux avec les 30 000 francs, dont ils n'avaient même jamais entendu parler.

Les routes suivies par les caravanes pourraient-elles être détournées vers notre port tunisien de Gabès? Au dire des commerçants tripolitains eux-mêmes, nous pourrions y réussir en employant les procédés d'une sage concurrence : hausser un peu, par exemple, les prix des matières premières que nos voyageurs achèteraient au caravanier et baisser en même temps la valeur des produits européens qu'on lui vendrait; commanditer les Arabes dans de meilleures conditions que ne le font les maisons turques, juives et arabes de la Tripolitaine. Certes, le fanatisme, qui porte les indigènes à donner la préférence de leur clientèle à leurs coreligionnaires, ne va pas jusqu'à y sacrifier des profits plus grands. Il existe déjà des banques à Gabès, qui se trouve aussi proche de Rhadamès que tous les ports tripolitains. Quelques centimes de moins dans le courtage, quelques journées de plus dans le crédit suffiraient, m'a-t-on affirmé, pour décider les caravaniers les plus opiniâtres.

Après cette halte, nous reprenons notre route en hâtant l'allure pour rattraper le temps perdu. Peu après, une rangée de petites masses noires pointille la nudité du sol. Grand émoi parmi nous! Ce sont des tentes de nomades berbères. Je lance mon cheval au galop. Une dizaine de chiens furieux sortent du campement. Je mets pied à terre afin de mieux protéger les jarrets de ma bête, et j'exécute un moulinet qui écarte les assaillants.

Les femmes vêtues de bleu sortent des tentes en jetant des cris de détresse. Elles m'ordonnent de ne pas approcher, et mes compagnons m'engagent à continuer le chemin sans exciter davantage ces indigènes. J'avance toujours. Les cris redoublent. Je me sens embarrassé sur l'issue de cette visite agressive, car les hommes du douar vont arriver et prendront sans doute une attitude hostile. Il me répugne cependant de reculer. Soudain, une idée lumineuse me vient. Je tire de mon gousset une pièce d'or que j'élève au bout de mes doigts, et je la fais miroiter triomphalement. Et ce minuscule blason de la convoitise universelle opère le miracle souhaité. Les clameurs cessent. Les crieuses se précipitent à ma rencontre, suivies d'une ribambelle d'enfants de toutes tailles qui se bousculent et culbutent les uns sur les autres.

Une odeur repoussante m'arrête à l'entrée de ces habitations portatives, faites de fagots et de vieilles toiles tendues. La saleté la plus sordide incruste les ustensiles, les nattes et les loques.

Lorsque nous repartons, toutes ces femmes entonnent des louanges sur ma personne. Abdou-Slam me traduit ces improvisations lyriques où reviennent surtout les mots : « Bénédiction d'Allah sur le seigneur généreux! » Voilà un pays où il ne serait pas difficile de se faire élire député...

Nous dépassons ensuite des gourbis ronds, sortes de temples informes, avec des troncs d'arbres pour colonnes. Ils servent d'abris aux troupeaux que les pâtres gardent à tour de rôle durant la nuit.

BERBÈRES NOMADES DE GARIANA.

Là-bas, vers le sud, les plateaux ondulent à
perte de vue. Le ciel gris jette une tristesse infinie
sur ces espaces dénudés et je regarde avec émo-

ETABLES DE BERBÈRES NOMADES.

tion les collines sombres qui se perdent au loin
dans les mornes solitudes du continent.

Pour notre déjeuner, nous choisissons un jardi-
net de figuiers qui se trouve sur le chemin. La
montagne est ainsi tachetée çà et là de ces plantations carrées, qu'un remblai de terre enserre. Les
cultivateurs errent aux environs, selon le hasard
des pâturages nécessaires à leurs troupeaux. Point

n'est besoin de gardiens tant que les figues ne sont pas mûres, mais au moment de la cueillette les propriétaires viendront s'installer là avec leurs familles, leurs chameaux, leurs moutons et leurs chiens. Ils y dresseront les tentes loqueteuses de la tribú.

C'est une dure existence que celle de ces nomades. La bise aigre des nuits perce les baracans; et le sommeil, persécuté par la crainte des maraudeurs, ne réconforte pas les membres surmenés. Errer, veiller, sans trêve, endurer journellement la faim, tel est le sort de ces tribus dont l'état ne sera amélioré que par les voies ferrées du littoral au Tchad.

Nous arrivons au bord d'une large et profonde dépression qui sépare le djebel Gariana du djebel Yffren. Les versants tombent à pic, de chaque côté, de sorte qu'il nous faut entreprendre une descente vertigineuse. Par des gorges obscures, des couloirs étroits, nous roulons plus que nous ne marchons derrière nos montures. Je ne m'explique pas comment les admirables bêtes parviennent à s'accrocher au sol avec leurs sabots. Les conducteurs s'efforcent de les retenir par la queue, et les secousses trop fortes les réduisent à embrasser la bête à un endroit qu'ils n'auraient pas choisi.

Pendant six kilomètres, nous chevauchons au fond de la vallée comme dans des pampas aux herbes sèches. Nos silhouettes se détachent sur le

REMPARTS ROMAINS ENTRE GARIANA ET L'YFFREN.

ciel empourpré du couchant, puis se perdent dans l'ombre projetée des montagnes vers lesquelles nous tendons.

Les pans d'une ruine reflètent les derniers rayons du soleil. Je cours les examiner : ce ne sont que vestiges berbères de l'époque médiévale. Jusqu'ici pas un seul monument romain.

A la base des monts Yffren, quelques palmiers épars nourrissent une poignée d'indigènes. L'un de ces arbres m'arrache un cri de surprise par ses contorsions en cor de chasse. C'est un phénomène

dans l'espèce des dattiers, où les fûts ont toujours
la raideur verticale des colonnes. La fantaisie des
peintres orientalistes a seule créé les stipes tor-
tueux au détriment de l'exactitude.

Nous commençons une nouvelle ascension.
Quand arriverons-nous au kasr Yffren? Je m'inquiète des sentiers qui courent en lacet contre les
parois abruptes et dominent des précipices de
plus en plus profonds. La bordure, déjà trop étroite
pour un homme, devient épouvantable pour des
animaux chargés. Nous devons enjamber le vide à
des tournants où l'eau des ouragans a endommagé
la corniche.

A l'un de ces passages, mon cheval manque des
quatre fers et roule. Par bonheur, une roche sur-
plombante le retient à 2 mètres au-dessous de
nous. Mais comment se relèvera-t-il sans plonger
dans l'abîme dont sa croupe dépasse déjà le bord?
L'angoisse nous immobilise, ainsi que la crainte
instinctive de provoquer un mouvement fatal chez
la victime. Celle-ci nous regarde de ses yeux
blancs de terreur. Pauvre bête! Mon cœur se serre
de ne rien pouvoir pour sauver ce serviteur si dévoué et si courageux qui a déjà tant peiné pour
moi.... Tout à coup, pris du vertige du désespoir,
le cheval se relève frénétiquement et s'élance

vers moi. Dieu soit béni! J'ai eu le temps d'attraper la bride et d'imprimer à l'avant-main une flexion qui permet aux pieds de devant de retomber sur notre bordure. J'en pleure de joie....

Mais le reste de la montée semble ne devoir jamais finir à cause des lenteurs de nos animaux terrifiés et de nos hésitations dans l'obscurité. Nous employons près de deux heures à franchir un kilomètre.

Les chevaux découvrent une flaque de boue, où ils enfoncent leurs naseaux pour aspirer avidement un peu de liquide. Les dents collées contre le fond du bourbier et les lèvres retroussées, ils soufflent des narines pour repousser la vase épaisse.

La lune ramène une lumière dont nous avions été privés depuis le fond de la vallée. A travers des oliviers gigantesques nous montons à un fortin dont la silhouette se dessine en noir sur le ciel éclairé. C'est Kikéla.

Il faudrait encore quatre heures de route pour arriver à la forteresse principale du massif d'Yffren. Nous sommes à bout de forces. J'accepte avec empressement l'invitation du moudir qui m'offre de passer la nuit chez lui, mais je refuse la chambre de mon hôte, parce qu'il serait obligé de déplacer tous ses objets personnels. On me force alors à prendre celle du lieutenant, qui n'exige pas un grand déménagement. Pour lit, une natte à terre; pour meubles, une malle; et pour luminaire, un creuset rempli d'huile. Sur les murs, d'énormes cafards se promènent avec la dernière effronterie. Ma répugnance pour ces insectes étonne les serviteurs du lieu; ils s'empressent de les balayer de la main, et, dans leur zèle, les font retomber sur moi.

Le fortin de Kikéla commande à trois bourgades qui dévalent vers la grande dépression que nous venons de traverser. Les alentours immédiats abondent en oliviers, malgré l'exposition défectueuse du site.

Le lendemain, au point du jour, nous reprenons notre route pour arriver au kasr vers midi. Dans un étroit bosquet de dattiers, Hamer hèle un enfant qui grimpait le long d'un stipe découronné de ses palmes. Répondant à son appel, le garçonnet, comme un vrai quadrumane, glisse avec une étonnante agilité le long du fût, s'aidant d'un cerceau en corde qui se déplace avec lui autour de l'arbre et de son corps. Il était allé chercher là-haut une jarre.

Cet enfant saute à terre et m'apporte le réci-

LES INDIGÈNES RECUEILLENT DE LA SÈVE DES PALMIERS UNE
BOISSON QU'ILS APPELLENT LEGBI.

pient qui s'était rempli pendant la nuit d'un liquide
secrété par le tronc. Les indigènes appellent *legbi*
cette boisson rafraîchissante, extraite de la sève
même. Chaque année, au printemps, quelques
arbres sont ainsi sacrifiés. Les possesseurs, les
mutilant de leurs branches, ouvrent avec la hache
une plaie au sommet, et la source végétale leur
fournit de six à sept litres de legbi par jour. Matin
et soir, les jarres sont bues, pendant six semaines ;
puis l'arbre blessé est abandonné dans un repos
de trois années, qui lui suffit pour renaître à la
vie normale et recommencer à produire ses fruits.
Je déguste ce liquide douceâtre et gazeux : il rappelle celui des cocos, quand on cueille ceux-ci au
point du jour dans les forêts de l'Inde. Le legbi
frais a la couleur de l'orgeat délayé. Au bout de
cinq ou six heures, il s'éclaircit et devient plus
mousseux encore ; mais il ne tarde pas à fermenter
et à dégénérer en boisson sirupeuse enivrante.
Le lendemain, le liquide tombe en boue fétide où
grouillent des myriades d'insectes rouges.

Certains musulmans, qui aiment à prendre des
accommodements avec le ciel, boivent le legbi en
pleine fermentation, feignant de croire qu'il est
encore frais. Et ils s'enivrent honnêtement, sans
plus de remords que le gourmand de la fable lors-

qu'il baptisait « carpe » un superbe chapon de son dîner du vendredi.

Le vent augmente. Nous chevauchons dans un dédale de ravines courtes et hérissées de mauvaises touffes d'herbe. Ces chemins creux nous mènent aux plateaux supérieurs où les oliviers, les figuiers et l'orge recommencent à frissonner sous le vent. La vue alors s'étend dans toutes les directions, comme en plaine, car il n'y a plus de déchirures, ni de sommités brusques.

Devant nous, je remarque un tertre dont la courbe évasée est dépassée par une chose longue et verticale. C'est un mausolée élevé à quelque haut fonctionnaire de Rome décédé dans la colonie. Je pense qu'il est placé sur l'ancienne route qui reliait les rivages de la Grande Syrte à ceux de la Petite par les hautes terres. Élevés de dix mètres, ses côtés en ont cinq de largeur. Le deuxième étage, ajouré de fenêtres et paré de colonnettes, se désagrège et jonche de ses pierres régulières les grêles touffes d'alentour. En écartant l'herbe, on découvre de beaux chapiteaux corinthiens.

Nous sommes ici à 850 mètres d'altitude et à 11 kilomètres sud-est du kasr Yffren. On ne saurait trouver un site mortuaire plus éloigné de la

foule importune des vivants. J'ai toujours admiré
les trépassés célèbres qui ont recherché pour leurs
cendres les asiles écartés. Chateaubriand sur son

MAUSOLÉE ROMAIN DE L'YFFREN.

îlot breton du Grand-Bé, le maréchal de Castellane
dans sa coquette chapelle des bords de la Saône,
doivent reposer plus tranquillement que Musset,
Thiers ou Casimir Périer au Père-Lachaise. Mais
les indigènes des alentours devraient bien ne pas
transformer ce tertre en « buen retiro ».

A trois cents mètres de là, sur un autre mamelon, surgissent les remparts ruinés d'une bourgade contemporaine de la tour. Nous passons

RESTES D'UNE BOURGADE ET PRESSOIRS A HUILE ROMAINS.

ensuite devant plusieurs villages en solide maçonnerie. Guelaad et Gosfat étagent leurs nombreuses maisons de pierre sur des collines plan-
tées d'oliviers. Mais les centres, aussi bien que
les plantations sporadiques, paraissent déserts; je
n'en aperçois presque jamais les habitants.

Aux approches d'Yffren, le sol se creuse de re-
chef, se contorsionne en vallées abruptes et si-

nucuses. On devine que le kasr surplombe une
autre ouverture de la montagne sur la plaine. Les
Turcs, à n'en pas douter, ont établi leurs princi-

RUINES BERBÈRES DE L'YFFREN.

paux postes administratifs de manière à commander les grandes voies naturelles vers Mourzouk et
Rhadamès. Aussi n'éprouvé-je aucune surprise
lorsque la citadelle de l'Yffren nous apparaît au
sommet d'un piton qui s'accroche aux parois verticales d'un golfe où les basses terres pénètrent

profondément. De l'autre côté de l'immense courbe, les monts Nefousa dentellent l'horizon.

Drôle d'idée que celle des géographes quand ils comparent ce massif à la Suisse. Le djebel Yffren, quoique plus tourmenté que les Gariana, ne mérite aucunement la réputation qu'on lui a faite en le comparant aux panoramas helvétiques. S'il faut mettre cette région aride en comparaison avec une autre, c'est avec l'Arabie Pétrée. Des montagnes glabres, des vallées qu'on dirait couvertes de pierres ponces, un peu d'herbe ligneuse entre les cailloux, de rares et courtes oasis au fond des plus étroites échancrures du sol, quelques ruisseaux qui chutent en filet dans les gouffres, tout cela forme un décor bien différent des épaisses forêts qui s'écroulent des chaînes bleues de la Suisse, pour se mirer dans des lacs aux rivages de fête.

Il est midi quand nous arrivons sous les murailles épaisses et informes du kasr. Le pacha qui commande le sandjak avec le titre de moutçarref, ne tarde pas à arriver. C'est un petit vieux, dont la barbe est teinte en beau noir.

Il me regarde ébahi. Sans doute il se demande quel peut être cet audacieux qui survient dans ces parages où nul homme vivant ne se souvient d'avoir vu un roumi. Je lui tends mes papiers. Il les lit à deux reprises, comme s'il n'en croyait pas ses yeux. Puis il me sourit avec affabilité et m'emmène dans le fort.

L'intérieur est du plus misérable aspect. La

LE KASR YFFREN.

cour tout encombrée de vilaines cahutes tassées au hasard, semble un coin de banlieue où des chiffonniers se seraient cantonnés. L'escalier délabré qui monte en tournoyant dans l'épaisseur énorme des remparts, a l'air de percer une roche. Les chambres s'évident en grottes carrées dans la partie supérieure de la muraille.

Le moutçarref me conduit à la salle d'audience,

la moins rugueuse de ces cavernes factices, celle
où il rend la justice, préside son conseil et distri-
bue les ordres. Par l'unique croisée en guillotine
donnant sur le dehors, on ne distingue que le ciel,
tant nous sommes élevés au-dessus des croupes
environnantes. A cette hauteur, le vent n'a plus
aucune réserve. Il se déchaîne en ouragan, hurle
à grands cris et fait vibrer effroyablement les
vitres. Tout tremble. Je comprends maintenant
pourquoi la maçonnerie est si massive dans cet
aérien manoir.

Zoudi-pacha fait appeler un jeune médecin israélite, Bakiche, qui parle bien le français. Il l'attache à ma personne et le charge de me conduire
à ma chambre. Est-ce bien ce nom qu'il faut donner au réduit où mes bagages sont déjà débouclés?
La porte et la fenêtre se découpent en orifice de
grotte. Les énormes fûts de palmiers qui servent
de poutres, plafonnent mon abri avec toute l'irrégularité et la bosselure d'un souterrain naturel.
Les murs, unis comme des cartes en relief, se
creusent de niches aux contours indéterminés qui
prétendent au rôle de crédences. Le vent fait
claquer les battants de la fenêtre sans croisée et
de la porte sans serrure. Un bon quart d'heure
est nécessaire à mes hommes pour cramponner

contre la fenêtre le couvercle de caisse qui lui sert de volet. Au prix de l'obscurité, je ne recevrai ainsi qu'une partie des trombes d'air. Saint Antoine avec son compagnon dans les cavernes de la Thébaïde, saint Jérôme avec son lion dans les grottes de la Palestine, saint Roch avec son chien dans les carrières de la Toscane, n'ont pas eu un gîte plus mortifiant.

Albert Bakiche serait heureux de procurer un peu de distraction à sa femme, israélite comme lui, en lui amenant le voyageur de passage, mais il ne l'ose, parce qu'il appartient à l'armée turque. Or, dans les localités où les fonctionnaires juifs ou orthodoxes ne se trouvent pas en nombre, leurs compagnes sont réduites à la claustration des musulmanes. Songez donc! que penserait-on d'une épouse qui recevrait chez elle un homme alors que la loi du Prophète interdit aux femmes de se montrer, même à leurs beaux-frères!

Rahmi-effendi, grand chef spirituel du sandjak, me nomme les hauts fonctionnaires qui entrent pour me souhaiter la bienvenue : Ali Haïdar, secrétaire général; Ali Nouzé, procureur; Ali Riza, gouverneur militaire; Edib Mohammed, juge d'instruction; Youssouf, sous-chef du secrétariat; Aziz, directeur du télégraphe, etc., etc.

A trois cents mètres au-dessous du kasr, la grosse bourgade de Tagrebos couvre de ses terrasses un mamelon détaché. Entre cette agglomération et le fort, la caserne occupe une plateforme spacieuse. Au coucher du soleil, un festin préparé en mon honneur y réunit les officiers et les autres dignitaires.

Là, il semble que la bourrasque va emporter à tout moment le pavillon du commandant, où je me tiens avec le moutçarref, le kadi et le trésorier général.

Le dîner est un triomphe de gloutonnerie. Un mouton, rôti tout entier et farci de riz aux raisins, en constitue le mets principal. Le commandant l'écartèle à la force du poignet, puis en arrache les gigots qu'il brandit sur nous, et le jus dégoutte sur les redingotes de gala. Chacun déchiquette avec ses ongles la chair brûlante et graisseuse. Les mains entrent dans le ventre ouvert pour en extraire le riz à poignée.

Lorsque nous revenons au fort, par les flancs raides et lisses du piton, le vent nous pousse si vigoureusement que nous trottinons malgré la montée. Le corps ployé en avant, mes compagnons me font l'effet de fuyards poursuivis.

La nuit enveloppe rapidement le mont et tout le

panorama qu'on y contemplait avant l'agape militaire. Une obscurité absolue isole le kasr du reste du monde, parmi les gémissements stridents

LES TOITS ÉTAGÉS D'UN VILLAGE DE L'YFFREN

du typhon. Je me retire dans ma demeure hiératique et renvoie mes serviteurs pour goûter un repos utile

On s'étonnera probablement de ce que le grand chef de ces Turcs si hospitaliers ne m'ait pas réservé une chambre de ses appartements particuliers. Zoudi-pacha ne le pouvait pas; le vieux barbon est marié à une jeune femme dont la présence est trahie par les grillages apposés aux fenêtres. Me recevoir chez lui serait un scandale, un sacrilège, auquel il ne saurait songer un seul instant.

Au moment où j'allais me coucher, des coups violents retentissent à ma porte. Je retire les chaises et caisses qui en maintiennent fermés les battants, et deux individus font aussitôt irruption dans la chambre. Je reconnais en l'un d'eux le jeune procureur Ali Nouzé, qui appartient à une des plus grandes familles de Constantinople. En vain, le malheureux me donne d'incompréhensibles explications. Nous cherchons Abdou-Slam pour traduire les phrases que l'aimable fonctionnaire me débite avec essoufflement, mais impossible de le trouver. Le vent étouffe nos appels et éteint la lanterne. A deux reprises, je manque me rompre le cou sur les terrasses que j'arpente à tâtons, et mes visiteurs me quittent sans que je puisse soupçonner ce qu'ils voulaient.

Un hasard attire mon attention sur les aspérités

blanchies de la muraille. Je m'approche.... Horreur! C'est une punaise. Je l'extermine. Je regarde de plus près et je découvre d'autres points noirs. J'en tue cinq, dix, quinze, il y en a encore.... Il y en a sur tous les murs. Mes hécatombes continuent inutilement, de nouvelles recrues arrivent sur mon lit, transformé en un camp où tout un régiment manœuvre. Je tue, je tue, je tue, j'enrage! Que vais-je devenir? Impossible de me sauver puisque l'obscurité et le vent me barrent toute issue. Au premier pas dehors, je tomberais au fond de la cour, d'une hauteur mortelle. Il faut renoncer à la lutte, et je m'installe sur deux chaises, au milieu de la chambre. Précaution superflue! Les petites bêtes sautent du plafond sur moi. J'arpente furieusement ma prison. Je fume à outrance, mais le brouillard du tabac ne gêne en rien mes bourreaux. J'ouvre un livre : un de ces horribles insectes se détache d'une ligne d'imprimerie et court sur la page comme une lettre en fuite. Bien avant Gutenberg, la nature avait inventé les caractères mobiles.

Enfin, l'épuisement m'enlève la notion du réel et je m'assoupis dans la cellule d'anachorète qui s'était transformée en arène de martyr.

Une nouvelle irruption dans la chambre me tire

du sommeil agité qui venait de me promener à
travers une série continue de cauchemars. Cette
fois, il fait jour. Ali Nouzé, moulé dans sa redin-
gote, entre en traînant derrière lui Abdou-Slam
encore mal éveillé. Il lui explique en langue arabe
le motif de sa première visite. Cet aimable gentle-
man, choqué de ma lamentable installation dans
le fort, était venu hier soir pour m'en libérer. Il
fait enlever prestement mon bagage et m'emmène
à sa maison neuve, tout au bas du mamelon pelé,
où je le suis volontiers.

Une délicieuse sensation de baignade me sou-
lage lorsque je pénètre dans ces petites salles
toutes propres, où la polissure blanche des murs
me semble aussi nette que des glaces.

Si grand que soit le penchant des Ottomans
modernisés pour nos modes, il garde l'empreinte
de la race. Le goût des couleurs criardes et du
colifichet distingue à première vue leur luxe du
nôtre. C'est ainsi que la chambre à coucher du
compatissant Nouzé possède un large lit de fer
avec des couvertures rouges, bleues et vertes,
chamarrées de broderies. Le sofa et les sièges
disparaissent sous les étoffes multicolores. Les
tables ploient sous la porcelaine aux couleurs
éclatantes, les lampes de verre, les bibelots en

feuilles d'or. Le clinquant bien colorié, bien poli, règne en souverain. En somme, les plus somptueuses ornementations des Turcs de Tripolitaine rappellent celles de nos riches paysans. Il n'y manque que la couronne de fleurs d'oranger sous le globe de verre.

Mon hôte me donne une chemise de nuit en soie, parfumée à la rose, des babouches émeraudes, des essuie-mains striés d'arabesques écarlates. Il me remercie chaque fois que j'accepte de ses mains le savon, la serviette et les divers objets qu'il s'empresse d'apporter. Il exige enfin que je fasse une sieste matinale dans des draps bien blancs où je me roule avec volupté, jusqu'à l'heure du déjeuner.

Le pacha Zoudi commande à la plus vaste province de la Tripolitaine : son sandjak mesure 600 kilomètres de longueur sur 300 de largeur. Les indigènes donnent à sa résidence le nom de « kasr El-Djebel » (le château de la Montagne) parce qu'elle est le centre principal de toute la région des hautes terres.

Comme les Gáriana, qui le prolongent à l'est, le massif de l'Yffren domine à pic la zone maritime des déserts. Non sans raison, Barth a appelé ces falaises gigantesques « la vraie rive continentale ».

Partout où mes regards peuvent s'étendre, j'observe la même horizontalité dans les strates des nombreuses déchirures. L'alternance des couches de gypse avec les couches du calcaire crée non seulement une dualité de couleurs, mais aussi de bizarres reliefs; le dur calcaire ne s'est pas laissé éroder comme le gypse et le dépasse en saillies rectilignes.

Bakiche me signale un vieux cimetière israélite où l'on a découvert naguère des outils et des débris d'orfèvrerie. Cette nécropole remonterait à huit cents ans. J'ai le regret de ne pouvoir m'y rendre parce qu'elle se trouve à une trop grande distance de notre itinéraire et qu'elle n'intéresse pas directement la mission dont je suis chargé.

Entre la caserne et le hameau constitué par les pavillons tout blancs des fonctionnaires, deux petits monticules de maçonnerie surgissent de la roche. Ces monuments irréguliers, presque informes, recouvrent les ossements de deux officiers turcs tués à l'assaut du kasr, contre les rebelles berbères, au moment de la conquête.

En affirmant qu'aucun indigène vivant n'a vu des Européens à Yffren, je me suis trop aventuré. J'apprends ici que le « château de la Montagne » a reçu la visite de plusieurs déserteurs français.

Ces soldats appartenaient aux bataillons disciplinaires d'Afrique. Ils sont arrivés en ce lieu dans
un état de misère qui a apitoyé le moutçarref de
cette époque (1888). Dirigés sur Tripoli, ils fei-
gnirent de se convertir à l'islamisme pour toucher
la prime des renégats.

Ces apostasies intéressées se renouvellent de
temps à autre avec les déserteurs qui atteignent
la capitale par le littoral. Chaque fois, notre consul avertit le gouverneur général qu'il va être la
dupe de farceurs, mais le désir de conquérir des
prosélytes chrétiens laisse immanquablement retomber le grand chef ottoman dans de nouvelles
mystifications. Aussitôt l'argent touché, les néo-
musulmans s'empressent de jeter le chapelet du
Prophète. Il faut dire que la prime de ces modernes Iscariotes ne leur permettrait même pas
d'acheter le champ d'un potier, si petit qu'il fût.
Les 150 piastres turques (30 francs) que reçoivent
les *ex-joyeux* ne durent qu'un déjeuner de soleil
dans leur gousset percé.

Le faible mouvement d'évasion, qui franchit la
frontière franco-turque, ne se fait pas seulement
dans le sens de Gabès à Tripoli; il arrive aussi
que des sujets turcs s'enfuient sur le sol tunisien.
Récemment deux officiers de la garnison tripoli-

taine se sont réfugiés sur le protectorat français. Ils habitent actuellement Paris, où ils se livrent à des études d'économie politique.

Ma chambre, où la nuit nous ramène, s'emplit d'une vingtaine de convives. Dans cet étroit espace, la fumée du tabac devient si dense qu'on ne se voit plus. Je ne crois pas qu'il y ait au monde des fumeurs plus acharnés que les Osmanlis; du matin au soir, les cigarettes demeurent à leurs lèvres. Ils répètent fréquemment ce proverbe : « Du café sans tabac, c'est un lit sans couverture. » Or, comme ils sont grands buveurs de café ils sont aussi d'inlassables fumeurs.

La tabagie devient de plus en plus étouffante. Presque tous enrhumés, mes compagnons ont soin de replier leur mouchoir comme une serviette, chaque fois qu'ils s'en servent. C'est, il faut croire, la mode en Turquie.

A l'arrivée du moutçarref et du kadi, nous nous remettons à table, dans une pièce voisine. Les cinq plus hauts dignitaires seuls prennent place autour du couvert. Les autres ont réclamé l'honneur de servir eux-mêmes. Le pacha me questionne beaucoup sur les États européens. Nos présidents de république ne l'intéressent pas : toute sa sollicitude se porte sur Napoléon III et l'Impératrice. Il en parle comme si le couple souverain régnait toujours. Le souvenir de l'Impératrice Eugénie le hante, à cause de l'accueil magnifique dont elle a été l'objet, lors de l'inauguration du canal de Suez. Songez donc! Pendant la visite qu'elle fit à Constantinople, le sultan lui donna une robe qui coûtait deux millions! Le moutçarref ne peut comprendre comment une pareille souveraine en est réduite aujourd'hui au rôle de simple mortelle, et il en paraît tout humilié pour la Sublime Porte.

Là, comme partout, la catastrophe du Bazar de la Charité émeut tous les cœurs, et je constate qu'aucun grand événement n'a frappé aussi profondément l'âme de ces lointains exilés.

Le receveur télégraphiste chante sur son *oude* des romances macédoniennes où il doit être beaucoup question d'amour, car le musicien dessine force baisers avec ses grosses lèvres rouges.

Zoudi-pacha prend la parole au dessert. « Bénissons le hasard, dit-il, qui a réuni autour de cette table, dans ce coin perdu des montagnes, des Turcs venus de toutes les provinces de notre empire et leur procure l'honneur de fêter un Français. Quand nous serons séparés les uns des autres, nous nous rappellerons le passage de notre hôte, comme le meilleur moment de notre séjour à Yffren. » On ne saurait être plus galant. Ayant peu l'habitude des discours, j'y réponds de mon mieux, mais avec assez de chance pour voir éclater l'enthousiasme parmi ces grands enfants affectueux.

Au café, mon voisin me raconte que les époux berbères de la contrée mangent toute la viande de leurs rôtis et ne donnent que les os aux femmes, dans la crainte que celles-ci ne deviennent trop vigoureuses et en état de résister aux bastonnades...

Enfin seul! Le vent persiste, mais je me ris de lui. Quel mal peut-il me faire, ce soir? Un abri sans insectes, une couche moelleuse et propre; des hôtes qui épient le moindre désir à ma porte, quel paradis après le purgatoire de la veille!

Hélas! En ce moment tout le monde ne jouit pas de la même félicité dans le massif de l'Yffren. L'homme qui porte le courrier à Tripoli vient de partir. Toute la nuit, il va courir dans l'obscurité. Je me demande comment il fera pour ne pas tomber dans les précipices, sous la poussée du vent, parmi les étroites corniches où les ténèbres ne lui permettront même pas d'apercevoir son pied.

VILLAGE BERBÈRE DE L'YFFREN.

15

Le lendemain, après des adieux très amicaux à la colonie ottomane, nous nous dirigeons vers Aouinya. Le vent est tombé depuis l'aurore. Une atmosphère limpide nous permet de distinguer au loin le prolongement des monts Nefousa. Soudain, près de nous, sur ces panneaux violacés, se détache la silhouette d'une femme. C'est une jeune et jolie négresse qui vient en sens contraire, d'un pas alerte, malgré le négrillon qu'elle porte sur son dos. Elle me demande en souriant une cigarette. Les zaptiés de ma nouvelle escorte l'appellent Salma. Je ne sais quelle sotte plaisanterie ils lui chuchotent, mais la jeune femme cesse de sourire et me quitte avant que j'aie pu tirer le tabac de ma poche.

Une grande vallée, que nous contournons, passe pour renfermer des gisements d'argent, mais nul indigène digne de foi n'y a constaté la trace du précieux métal. Vers le milieu, un effondrement de 30 mètres oblige le torrent d'Aouinya à une cascade dont le bruit nous parvient faiblement.

Les maisons de Roumya ne tardent pas à se montrer, accrochées au sommet d'un pic comme une cité féodale. Je félicite les futurs peintres qui viendront planter leur chevalet devant ce site pittoresque, mais je plains le capitaine qui recevrait l'ordre d'enlever la position à l'assaut. Le mot Roumya serait-il une trace nominative des conquérants du haut Empire? La bourgade plane, à 700 mètres d'altitude sur un district pierreux, où l'oasis du ruisseau encaissé produit la seule tache verte. Aussi un bon point de tempérance doit-il être accordé aux moutons et aux chèvres qui se contentent d'invisibles broutilles sur les flancs râpés de ces mamelons.

Au sommet de la vallée, près des sources du torrent, quelques arasements de murs en pierres de taille nous indiquent l'emplacement de l'antique bourgade romaine d'Aouinya. Les indigènes ont tout détruit pour employer les matériaux à leurs modernes abris. Loin à la ronde, les maisonnettes berbères portent dans leurs murailles des pierres bien équarries et ornementées de sculptures, qui proviennent des constructions latines.

Nous passons devant d'autres villages perchés sur des éperons qui ressortent des flancs des ravins. Ourjya, à l'extrémité de la dépression d'Yffren, renferme une population assez dense, peut-être cinq à six cents habitants, dont un grand nombre de couleur noire. Dans une oasis, je vois venir à moi une famille grelottante : vieillards et

enfants, hommes et femmes, se serrent frileuse-
ment dans leurs haillons superposés. Ils se plaignent que leur sang devient tour à tour glacé et
brûlant. Ce sont des fiévreux, empoisonnés par
l'eau courante, vrai bouillon de culture où prospèrent des myriades de microbes.

Ces pauvres gens me supplient de leur donner
un remède. Je vide dans leurs mains une boîte de
pastilles de quinine comprimées. Mais, sans attendre mes explications, les malades portent les bou-
lettes à la bouche et les font craquer sous la dent.
Puis ils se sauvent avec d'affreuses grimaces et
me menacent du poing. Mes compagnons leur
courent après et ont toutes les peines du monde à
les calmer en leur indiquant l'usage du médicament.

Quelques heures de pentes assez douces, le long
du versant occidental de la dépression, nous abaissent au niveau des plaines, où nous arrivons au
crépuscule. Le sol se peuple de troupeaux, de chameaux et de tentes. La plus grande partie des montagnards d'Yffren habitent actuellement la plaine
pour la récolte des céréales, et c'est pourquoi j'ai
trouvé si déserts les pays où nous cheminions depuis six jours. On entend des voix humaines qui
lancent des appels à travers l'espace rembruni.

Nous croisons des dromadaires lourdement chargés d'épis.

L'obscurité et la fatigue des chevaux nous contraignent à chercher un gîte, et l'œil perçant de Hamer découvre une cabane écartée de la piste. Il entame des pourparlers avec les nomades, car il faut toujours parlementer avec eux pour en obtenir une décision. Dans ces parages dégarnis de gendarmerie, les familles isolées ont les meilleures raisons de ne pas se laisser approcher sans savoir à qui elles vont avoir affaire.

Un vieillard en burnous blanc s'avance vers nous et m'invite à entrer sous son abri, tandis que ses fils attachent le chien furibond. Je renvoie l'escorte à Yffren, car ce serait pour elle un trop long voyage que de m'accompagner jusqu'à Zouara. Le zaptié Forounda et Abdou-Slam s'inquiètent de ce renvoi et protestent qu'ils veilleront à tour de rôle pendant la nuit, parce qu'on ne sait jamais ce qui peut arriver.

Sur un grand feu de paille, les jeunes gens grillent les grains d'orge qu'ils nous donnent à manger avec du sel. Bientôt le mehammsa fume dans la vaste écuelle de bois, et nous nous mettons à terre autour du monticule de pâte.

Les femmes et leur progéniture nous regardent

du fond de leur compartiment, attendant que l'aïeul leur passe l'écuelle dont les hommes ne voudront plus. Je leur lance des tablettes de chocolat et des cigarettes dont elles se régalent avec un manifeste plaisir.

Puis, je me glisse dans mon coin pour dormir. Quelques bruits d'ustensiles, quelques pleurs d'enfants à la mamelle, et tout rentre dans le silence...

Mais, le sommeil ne vient pas. Je m'ennuie dans l'immobilité obscure de mon gîte, et j'en sors pour arpenter les abords du campement. La nuit fraîche et sereine resplendit d'étoiles. Je cherche le factionnaire : Abdou-Slam et Forounda ronflent consciencieusement dans le tas de baracans où reposent enroulés les hommes du douar. J'aurais besoin d'eux qu'il me serait impossible de les reconnaître parmi les autres corps tassés comme des sacs.

Au milieu de la nuit, j'appelle mes gens pour utiliser l'éclairage de la lune au bénéfice de notre longue route vers la côte. Nous entreprenons ainsi une vraie « marche à l'étoile » sous la direction de la Polaire, à travers des étendues unies comme un lac sans rivages. La brise hérisse les crinières et gonfle les baracans. Les rayons de lune projettent légèrement nos ombres sur les tiges scintillantes des orges et sur le sable qui étincelle comme une poussière de diamants. Sous la pluie des étoiles, nous cheminons, en proie à cette méditation grave qui s'empare de tous les errants à travers les étendues silencieuses.

Lorsque le soleil ardent vient remplacer la fraîche phosphorescence lunaire, nous sommes à plus de 20 kilomètres de la tente berbère. La *djeffara* s'est complètement transformée en déserts sableux où je constate des lignes de mamelons parallèles à la mer. Ce sont, à n'en pas douter, d'anciens cordons littoraux qui rayent la plaine comme du papier à musique, et d'après lesquels nos géologues étudieront, un jour, les phases successives du littoral africain entre les Syrtes.

A midi, nous atteignons un campement de dix tentes. Ces Arabes, de la tribu des Ourchefana, font des difficultés pour nous laisser prendre un peu de repos à l'abri du soleil. Ils n'y consentent que lorsque toutes les femmes se sont retirées dans la tente la plus éloignée de celle où l'on nous tolère pour une heure. Les maris de race arabe se montrent beaucoup plus méticuleux que ceux de race berbère.

Nous sommes ici sur le théâtre où opéraient les

dissidents tunisiens. On sait qu'à la suite de notre conquête, plusieurs tribus beylicales refusèrent de se soumettre au protectorat français et se réfugièrent sur le territoire turc. Sous prétexte de patriotisme, elles se livrèrent au pillage sous toutes ses formes. Le mal en arriva au point que les maraîchers des oasis n'osaient plus rien cultiver, dans la crainte d'attirer ces malfaiteurs. Si-Hanza prolongea longtemps la rébellion par son énergie farouche. Ce fut l'honneur de M. Lacau de résoudre, à force de tact et de patience, cette question difficile. Successivement, tous les chefs, Ali ben-Khalifa, Ali ben-Amar, Kamoun, vinrent demander l'aman. Le dernier s'était rendu célèbre par son héroïque défense de Sfax. Les révoltés venaient secrètement chez celui qui gérait le consulat. Leurs visites avaient lieu de nuit et individuellement parce que chacun craignait la vengeance de ceux qui s'obstinaient. Aujourd'hui tout est rentré dans l'ordre de notre côté de la frontière et il ne reste plus en Tripolitaine que les pillards de profession.

Si la merveilleuse hospitalité musulmane se trouve ici en défaut, ce n'est guère étonnant. Économiser péniblement des provisions insuffisantes et se les voir sans cesse arracher rend bien excu-

sable la répugnance de ces tribus pour tout visage
inconnu.

Nous souffrons de la soif et j'éprouve des étourdissements continuels. Un moment, le courage
m'abandonne avec les forces et je me laisse glisser
à terre. D'une voix maussade et angoissée, je déclare à mes compagnons que je suis incapable
d'aller plus loin. Dieu me pardonne, je n'affirmerais pas que je ne sois allé jusqu'à souhaiter de
mourir sur place. Mais le repos apaise ma tête
brûlante, et nous reprenons la marche.

Dans l'après-midi, un autre grouillement humain
nous apparaît dans l'un des derniers cordons
littoraux; ce n'est pas autour d'un puits, cette
fois, qu'il se démène, c'est autour d'une *réserve
d'orge.* Depuis la plus haute antiquité, les indigènes
ont coutume d'enfouir leurs céréales dans des
excavations aménagées à cette intention. Sous la
surveillance d'un chef délégué, chaque famille
vient apporter là ses provisions. Plusieurs jours à
l'avance, un drapeau indique l'emplacement du
caveau, qui restera sous la garde d'un ou de plusieurs membres de la tribu. En ce moment les
chameaux, disparaissant sous des monticules
d'épis, opèrent leur concentration de tous les
côtés de la plaine vers le pavillon indicateur.

Une erreur de Hamer nous a éloignés du poste de Zouara où nous comptions passer la nuit. Nous en sommes quittes pour coucher à la belle étoile, sur le sable qui se refroidit sensiblement sous nos mains. Comme le reste des provisions a passé en dons de diverses sortes, et que nous comptions nous réapprovisionner à Zouara, nous dinons de quelques cigarettes. Cet allègement de vivres sera, du moins, un précieux avantage pour les chevaux de bât, dont les paquetages mal faits ont cruellement écorché le dos. Les pauvres bêtes auront moins à porter et leurs blessures les feront moins souffrir.

Cette froide nuitée me fait comprendre l'ingéniosité du baracan arabe. Ample, léger et facile à draper de diverses manières, il se transforme selon les besoins, en abri contre la chaleur ou contre le froid. Autour de moi, mes gens s'en enveloppent, comme dans une petite tente individuelle, et y dorment à l'aise, tandis que je grelotte en mon macfarlane perfectionné. Sans le baracan, la vie des Africains serait une perpétuelle alternative de braise et de glace. Grâce à sa couleur et à ses enroulements superposés, ce vêtement indigène emmagasine une température constante, qui est celle du corps lui-même. Tout

Européen devrait s'en habiller dès qu'il affronte le continent noir.

Le lendemain, ma montre marque exactement trois heures de l'après-midi lorsque nous pénétrons dans l'oasis de Zouara. Le sol y est partout saupoudré d'un sable si blanc et si menu que les palmiers semblent de gigantesques plumeaux piqués dans de la poudre de riz. Le kaïmakan à qui je remets mes papiers et tous les officiers du poste me désapprouvent d'avoir renvoyé l'escorte et de nous être aventurés sans défense, parmi les Ourchefana. Ils m'affirment qu'aucun d'eux ne le ferait, malgré leur communauté de religion avec cette tribu. Leur conviction est que, si je n'ai pas eu d'accident, c'est parce qu'un heureux hasard m'a évité le contact avec un groupe assez puissant pour braver les poursuites officielles dont un attentat aurait été la conséquence. En séjournant quelques heures au même endroit, je n'aurais tardé à voir arriver des agresseurs. C'est bon à savoir pour une autre fois.

Zouara est le poste frontière du littoral du côté de la Tunisie, et fait le pendant de la garnison française de Zarzis. Lorsque nous le quittons, à la pointe du jour, pour rentrer à Tripoli en longeant toute la côte, le ciel, très assombri, nous

harcèle de gouttelettes froides. La marche se poursuit tristement sous la pluie. Nulle part les temps
sombres ne semblent plus maussades que dans

UN COIN DE RUE DE HAMEROUS.

ces pays d'Afrique où le soleil ardent est la condition essentielle de la vie végétale et humaine.
La nature alors y éprouve une réelle suspension,
et l'on sent que tout souffre autour de soi.

Le littoral que nous longeons accentue cette
tristesse par la monotonie de son tracé. Ce sont
d'interminables dunes, uniformes et grises, der-

rière lesquelles s'étendent de vastes sebkhas. En ce moment, ces marais salants offrent une croûte entièrement sèche, sur laquelle je laisse aller mon cheval, la bride sur le cou. La bête louvoie entre de nombreuses touffes de buissons, qui recouvrent la surface unie du sol et dessinent entre elles d'étroites allées sinueuses.

A Zouagha, la série des grandes oasis du littoral commence, pour ne plus finir qu'à Zenzour, à quatre heures de Tripoli. C'est à proximité de ce premier jardin que gisent sur le rivage les ruines de Sabratha ou Abrotunum. Je n'y trouve, hélas, qu'un dédale informe de débris, parmi lesquels resplendissent des tronçons de colonnes énormes en marbre blanc et des cubes monolithes dont chacun remplirait un wagon. J'ai la consolation de copier une inscription latine sur une stèle qui semble gravée d'hier. Sans doute le vent l'a découverte depuis peu : on sait que le sable conserve admirablement ce qu'il enfouit. Dans la falaise ravinée, ma main gratte de remarquables bordures de mosaïques. Quelle moisson on ferait ici, si les fouilles étaient permises ! Sur 1 500 mètres de longueur, la plage se couvre de pierres de taille détachées, de chapiteaux brisés, de mosaïques et d'esplanades qui devaient être des lieux publics.

BERBÈRES DE L'OASIS DE ROUMYA AVEC LEURS ENFANTS.

Les riches maisons de plaisance bordaient la mer,
où l'on distingue encore les restes de jetées puis-
santes.

On croit que Sabratha fut aussi fondée par les
Phéniciens, et que son nom punique signifie
« marché de céréales ». Saccagée par les Vandales, elle se releva de ses ruines et resta une
escale très fréquentée jusqu'à la fin du Moyen Age.
Ce furent les marins italiens qui donnèrent à ce
port le nom de Tripoli-Vecchio, sous lequel on en
désigne encore aujourd'hui les vestiges.

A partir de Zouagha, les oasis échelonnées le
long du littoral et séparées par des espaces restreints, sont les plus belles qu'on puisse voir. Vastes, touffues, verdoyantes, les plantations de Dar-
mane, Sormane et Arza abritent une population
relativement nombreuse. A Sabria, des marabouts
et des mosquées bien entretenus, des habitations
soigneusement blanchies, resplendissent partout
dans la verdure. Mes yeux, déshabitués des végé-
tations luxuriantes, se sentent agréablement ca-
ressés par tant de gazons veloutés.

Dans ce *paradou* exotique nous sommes rejoints
par un jeune Arabe qui vient à pied de Tunis. Il
est en marche depuis dix-sept jours pour gagner
Tripoli. Un bâton pour tout bagage, et ses sou-

liers sous le bras, il a cheminé journellement le long de la mer, tant que le soleil éclairait les plages. Chaque nuit, il s'arrêtait dans un village ou sous une tente que les habitants ouvrent toujours aux voyageurs. L'espoir de trouver meilleure table avec nous l'encourage à nous demander la permission de s'incorporer à notre groupe. Pour reconnaître cette faveur, il concourt avec zèle aux efforts de plus en plus nombreux de nos hommes, qui s'épuisent à redresser les paquetages en déroute sur le dos des bêtes. Nous ne savons plus, en effet, comment maintenir le bagage sur les échines sanguinolantes des chevaux. Heureusement, nous approchons du kasr où le chef a été prévenu de notre arrivée par dépêche. La nuit devient si noire que nous nous égarons dans le labyrinthe des sentiers et que nous avançons à l'aveuglette. Un ivrogne s'attache à nos pas et nous poursuit de ses chants aigus, que les chutes interrompent par moments. Enfin, la demeure du kaïmakan se dresse dans l'ombre! Nous allons pouvoir restaurer nos forces par un rapide repas et nous coucher bien vite. Erreur! Le fonctionnaire n'a pas compris la dépêche de son collègue; il a cru que nous arriverions le lendemain, et par conséquent rien n'est préparé pour nous recevoir. Trois grandes heures

vont être nécessaires pour confectionner le diner
et installer les chambres!

Le bon El-Naïb du reste ne presse personne,
car il aime à se coucher tard et se réjouit de me
garder pour prolonger la veillée. Je réponds en
bâillant à toutes les interrogations qu'il me pose
en italien.

Ce fonctionnaire, d'origine arabe, semble ne
pas aimer beaucoup les Turcs. Il me récite orgueil-
leusement la généalogie de ses ancêtres qui remontent jusqu'à Mahomet, et même plus loin.
Aucune expression ne lui suffit pour marquer son
mépris des Karamanli, les anciens usurpateurs de
la régence. C'était, dit-il, des étrangers, des gens
de rien, plus bas que ce zaptié. Et, prononçant
cette appréciation, il me désigne sans aucune gêne,
le sous-lieutenant Forounda qui courbe la tête et
s'en va s'accroupir sur un canapé comme un chien
grondé.

Le lendemain, El-Naïb nous escorte jusqu'à
Djedjaïm. En route, nous rencontrons des cavaliers
qui s'en vont pensifs dans leurs burnous de laine.
Tous sont armés d'un interminable fusil à pierre
qu'ils portent en bandoulière. Si la décharge de
ces longs canons rouillés n'est dangereuse que
pour le tireur, en revanche la baïonnette, insépa-

rable de l'extrémité, menace les yeux des passants.
Je ne comprends pas comment ces promeneurs

MARABOUT DANS L'OASIS DE SAYAT.

peuvent passer dans les marchés sans éborgner
la foule.

Les oasis de Sayat et de Zenzour ne le cèdent
en rien aux précédentes. La dernière, surtout, a

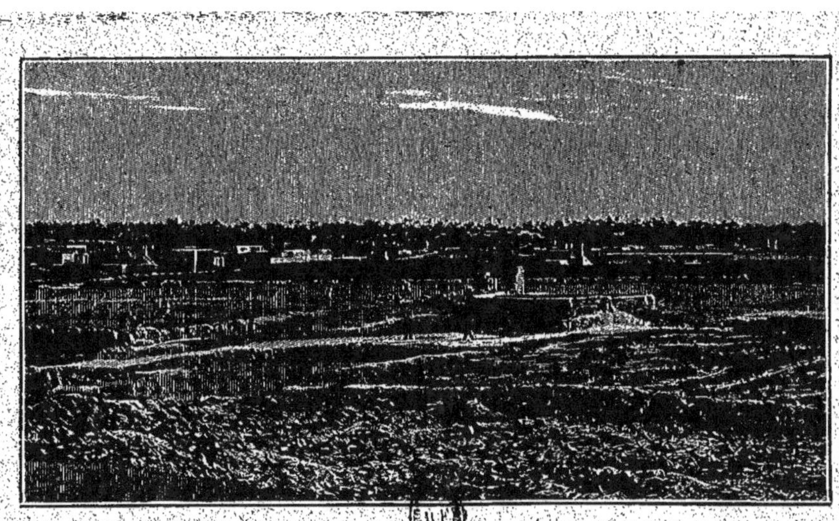

PANORAMA GÉNÉRAL DE L'OASIS DE TRIPOLI.

joui d'une grande célébrité dans l'antiquité, quand elle portait le nom d'*Assaria* et que la riche famille des Aniciens y possédait une somptueuse maison de plaisance. Au Moyen Age, Zenzour faisait sur une vaste échelle le commerce de ses fruits : dattes, olives, grenades et figues. Beaucoup d'artisans habiles y attiraient les acheteurs de toiles et autres tissages.

Le ciel s'est dégagé et le soleil prend sa revanche. Enfin, Tripoli apparaît comme une agrafe d'or sur l'éclatante draperie bleue de la mer et du ciel.

CHAPITRE VI

ON se représente ordinairement le cavalier musulman d'Afrique caracolant, bien cambré sur un cheval de pur sang qu'il traite en ami, et pour lequel il réserve ses meilleurs soins. C'est à peu près vrai pour le chef arabe; ce ne l'est plus du tout pour les Berbères purs ou arabisés. Ces autochtones d'ailleurs ne possèdent pas la belle race chevaline importée par les envahisseurs du XIe siècle. Leurs montures, d'origine libyenne, sont laides, maigres, larges d'encolure, ensellées, basses sur jambes; mais leur forte musculature et leur endurance, les rendent beaucoup plus précieuses que leurs rivales, venues d'Arabie. Avec leur mine piteuse et leur vilain poil, elles endurent des fatigues et des privations qui tueraient tout autre cheval. Durant des journées de douze et quatorze heures, elles cheminent dans le sable avec des charges énormes, sans jamais montrer le moindre découragement.

Si leurs maîtres, trop exigeants, rachetaient au moins ces excès de labeur par une nourriture suffisante! Mais on ne leur donne presque rien à manger. Jamais on ne prend la peine de les soulager par un médicament, quand les charges ont ouvert des plaies sur leurs échines. A Tripoli, pendant le marché du mardi, j'ai vu la plupart des chevaux affreusement blessés sur le garot et sur le dos. Sur les lèvres des plaies, qui s'ouvrent comme d'immenses figues trop mûres, personne ne songe à jeter un peu d'eau; et le sang coagulé coule sur les flancs avec la boue dont les victimes se sont frottées en se roulant à terre.

Donnez une pièce blanche à votre palefrenier pour acheter du fourrage : il mettra l'argent dans sa poche et laissera jeûner votre bête. Aussi, ma cavalerie, abritée d'abord sous le fondouk de la Marine, reçoit-elle ses soins sous ma propre surveillance. Aux heures de « la botte », je fais venir les animaux à la porte de l'hôtel; on les attache dans la rue et j'assiste à tous leurs repas.

Pour s'éviter la peine de puiser aux fontaines,

qui sont de l'autre côté de la ville, les gardiens du fondouk de la Marine remplissent les auges, avec une eau très saumâtre, dont les bêtes ne veulent pas, malgré leur grande soif. J'ai la chance de m'en apercevoir à temps, ce qui me vaut une vive altercation avec les fauteurs. Je fais loger les chevaux dans une écurie plus rapprochée de l'eau potable.

D'autres ennuis m'arrivent avec les voisins de l'hôtel qui se plaignent de ce que le crottin s'amoncelle sous leurs fenêtres. En tout autre lieu, ces mécontents auraient raison. Ici, je leur donne tort. Je ne puis m'y prendre autrement. Mes occupations ne me permettent pas d'aller, à trois reprises, passer plusieurs heures au fondouk, pour empêcher les gardiens de retirer la nourriture du râtelier et de l'aller vendre. J'ai le devoir de faire passer la vie des braves bêtes qui me servent avant le bien-être d'individus inconnus, qui ne mourront pas d'un peu d'odeur d'écurie.

Les voyageurs du XVIIIe siècle, décrivent les fondouks de Tripoli comme des édifices spacieux, avec des bassins de marbre et des chambres propres. Tous ceux que j'ai vus sont bien dégénérés; ils ressemblent à des groupes de taudis, puants et encombrés de ruines. Chameaux, chevaux et ânes, ont peine à s'y faufiler parmi les détritus de toute sorte. Les marchandises avariées s'entassent partout, dans la cour intérieure, sous la vérandah et parmi le dédale des constructions en ruine qui servent de dépôts. C'est là, cependant, que tous les trafiquants arrivés du dehors abritent leur matériel et leur bétail, pendant le séjour dans la ville. Ils s'y logent eux-mêmes, moyennant une petite rémunération. Les fondouks sont les uniques hôtelleries dont usent les Arabes et les Berbères.

Huit jours après notre retour à Tripoli, nous repartons pour visiter, cette fois, la région orientale.

Nous longeons d'abord la Mechya sur la lisière maritime, à l'est de la ville. Pendant deux journées, l'itinéraire consistera à suivre le rivage en se rapprochant de la grande Syrte. Je n'emmène avec moi que mon guide Hamer.

Après l'oasis de Mellâa, nous arrivons à celle de Tadjourah, et nous déjeunons à l'entrée de cette immense palmeraie, sous un olivier gigantesque dont la naissance doit se perdre dans la nuit des temps.

Pendant la halte, la poussière de la route se soulève en gros nuages sous les sabots de deux chameaux, qui passent couplés et dont l'échine supporte une même traverse. Une vache morte, suspendue au milieu de cette traverse, ballotte entre les flancs des dromadaires, qui en paraissent incommodés et poussent des beuglements affreux. Quand le trapèze ambulant nous a dépassés, mes vêtements bleus ont pris la couleur du sol, comme la peau des caméléons, et notre victuaille craque sous la dent. Je fais ainsi connaissance avec les mortifications des pénitents, qui mêlaient de la cendre à leur nourriture.

L'oasis de Tadjourah est actuellement une des plus vastes et des plus riches de la Tripolitaine. Le gibier y abonde, comme à Djedjaim, où les consuls vont quelquefois tirer la perdrix. Une belle mosquée resplendit dans la verdure des palmiers et des arbres fruitiers. Sous ces tranquilles plantations dorment des souvenirs de splendeur et même de gloire. Je crois que leur nom est une corruption de la *Turris ad algam*, cette tour que les soldats romains avaient construite au milieu des algues du littoral pour garder les précieuses salines. Car ils étaient une mine de richesse considérable, les lacs salés de Tadjourah, que l'on préférait, même pendant le Moyen Age, aux meilleurs produits du delta égyptien. Il y a cent ans, les

Vénitiens y venaient encore concasser la dure croûte des fonds desséchés, pour en remplir les cales de leurs navires. Ce fut jadis le théâtre d'une résistance opiniâtre des Turcs contre les chevaliers de Malte, quand ces moines guerriers commandaient à Tripoli.

Après cette oasis, nous disons adieu à la végétation. Les landes d'abord, puis les sables mous, attristeront nos regards jusqu'à Homsk. Elle est terrible, cette poussière ténue des sables dans laquelle on enfonce à mi-jambe, au point qu'il y faut presque faire les gestes dont parle le grenadier de *l'Aiglon* au milieu de la vase du Danube :

> Nous qui, pour arracher, ainsi que des carottes,
> Nos jambes à la boue énorme des chemins,
> Devions les empoigner quelquefois à deux mains.

Elle est terrible surtout pour nos malheureux chevaux, dont les étroits sabots pénètrent si profondément que parfois leur ventre en rase la surface. La fatigue serait déjà douloureuse si les couches friables s'étalaient horizontalement ; mais elles se bossellent en interminables mamelons contigus, dont les parois s'inclinent à 45 degrés, selon la pente naturelle des terres. A chaque enjambée, les quadrupèdes se contractent et se distendent

LA MOSQUÉE DE TADJOURAH.

avec une violence qui semble devoir disloquer leur
ossature. Ajoutez à cela une chaleur torride et pas
une goutte d'eau! C'est à peine si, dans la soirée,
nous traversons un filet liquide dans les ravins
du Ouadi-Ramed et du Ouadi-Msid. Près du marabout de Sidi-ben-Nour, qui domine l'estuaire du
premier torrent, nous effrayons un poste de douaniers qui se demandent ce que vient chercher
dans cet enfer ce Roumi, à qui la soif donne une
physionomie d'halluciné.

D'où proviennent ces amas considérables de collines pulvérulentes? On ne les peut imputer au
travail de la mer actuelle, puisqu'ils s'étalent à
100 kilomètres dans l'intérieur. Ils saupoudrent
du reste le Sahara jusqu'aux confins du Soudan.
Jadis, on supposait que ces sables avaient été dé-
posés là par des océans antérieurs qui couvraient
tout le nord de l'Afrique. Humboldt lui-même ad-
mettait une irruption générale des flots qui auraient à jamais privé la région de son manteau
d'humus.

Pour Eischer, c'était une évidence : le vent sec,
le foehn, qui a fondu les glaciers d'Europe, est
venu du Sahara, où il ne pouvait naître tant que
son berceau ne se trouvait pas à sec. Si donc, dit
notre savant, il n'a pas soufflé avant l'époque gla-

ciaire, c'est que tout le nord de l'Afrique disparaissait sous les eaux.

Mais l'absence presque générale de stratification contredit l'hypothèse, d'après laquelle, la matière en poudre se serait déposée lentement au fond des eaux tranquilles. La composition du sel des *chotts*, qui diffère essentiellement des résidus de la mer, et la faune fossile, qui appartient au régime des eaux douces, achèvent de détruire la possibilité d'un océan disparu. On préfère attribuer la cause de l'effritement de l'Afrique septentrionale, au vent polaire, qui lui arrive entièrement desséché. D'après Peschel, le vent alizé du nord-est se dessèche dans les steppes d'Asie et sur les plateaux de l'Iran avant d'atteindre les solitudes sahariennes. L'Atlas oppose une barrière aux nuages de la Méditerranée. De la sorte, le Sahara meurt de soif malgré sa proximité de la mer.

Quelle que soit la cause de la sécheresse, c'est elle qui produit les brusques écarts de température entre le jour et la nuit, pendant lesquels le sol se désagrège en morceaux de plus en plus petits, jusqu'à devenir le sable le plus ténu qu'on puisse palper.

Nous voulons nous reposer dans le ravin d'un ouadi dont le fond est aussi sec que des charbons

ardents. L'air s'y presse si lourdement que la suf-
focation nous oblige à en sortir aussitôt.

Pendant cette halte, les mouches nous assaillent.
Que font-elles ici, les malheureuses! Je les regarde
s'acharner sur une tranche de mortadelle que je
viens de jeter. La rondelle rouge se décompose et
noircit à vue d'œil sous leurs assauts acharnés.

A ce moment, un chevrier passe avec son maigre
troupeau qui s'en va au loin chercher pâture. Il
déroule son burnous, et j'en vois sortir un gracieux
chevreau noir qui gambade et nous communique
un instant sa folle gaieté. Le sac d'un de nos appareils photographiques lui semble posté tout exprès
pour qu'il y exerce ses jeunes dents, et nous ne
parvenons à protéger le pauvre *détective* qu'en le
replaçant sur les paquetages.

Mais ce sont nos chevaux qui nous font de la
peine! L'étape est encore loin et nous ne possé-
dons ni un grain d'orge, ni une goutte d'eau à
leur donner, tandis qu'ils nous regardent tristement absorber une bouchée de pain. Quoi qu'il
fasse, l'homme est le bourreau des bêtes. Dire
qu'il m'a fallu imposer trente jours de vie infernale
à des êtres inoffensifs et dociles, qui ne compre-
naient rien à tant de barbarie! Et qu'est-ce que
notre petit groupe à côté des millions de quadru-

pèdes qui peinent et meurent de faim, là-bas, vers l'intérieur, d'où il me semble entendre monter un gémissement universel!

Enfin la nuit tombe comme un bienfait sur nos épaules calcinées, et déjà la mer ne se trahit plus que par le bruit de ses vagues, lorsque nous atteignons le petit kasr de Karabouli, à mi-chemin de Tripoli et de Homsk. Une compagnie de soldats turcs garde le fortin et surveille le littoral sur un déroulement de 40 kilomètres.

Le commandant du poste, un jeune capitaine, m'accueille avec une sincère cordialité. Nous sommes bien embarrassés tous les deux, car il ne sait pas un mot de français et nous n'avons aucun interprète sous la main. Nous essayons de nous tirer d'affaire au moyen de signes et nous réussissons. Pour demander à mon hôte à quelle arme il appartient, je me livre à une mimique précipitée qui nous fait éclater de rire. J'enfourche d'abord un bâton à la manière des enfants et j'interroge du regard mon compagnon. Il hoche la tête négativement : donc il n'est pas de la cavalerie. J'imite ensuite des coups de canon en produisant les *poum! poum!* les plus expressifs. Même réponse, il n'est pas non plus de l'artillerie. J'ai donc affaire à un fantassin. Du reste pour bien s'assurer que nous

nous sommes compris, l'excellent homme piétine le sol durci de la chambre.

Je n'aurais jamais cru que deux individus, dont les dialectes respectifs n'ont pas un seul mot de commun, pussent ainsi échanger leurs idées avec les mains et les pieds. Le capitaine s'enhardit et me raconte, toujours avec des gestes, la mort tragique et récente d'une jeune femme tuée par la foudre dans les environs du fortin. Il me désigne le sexe de la victime en feignant de caresser une abondante chevelure; et l'âge, en baisant le bout de ses doigts. Puis il frotte une allumette, lui fait dessiner des zigzags au-dessus de lui et penche enfin la tête en fermant les yeux. C'est le simulacre de l'éclair et de la détonation meurtrière. Les mains, le cou et les paupières ont suffi pour retracer clairement la triste aventure.

J'apprends ainsi plusieurs historiettes sur les montagnards de la région voisine, où les drames de la vendetta sont très fréquents; la haine entre familles se poursuit à travers plusieurs générations, comme en Corse. On me montre un jeune homme qui, à l'âge de dix ans, a tué le meurtrier de son père. Comme ses oncles lui parlaient sans cesse du châtiment qu'il aurait à infliger un jour à l'assassin, l'enfant ne voulut pas attendre. Il profita de ce que l'objet de son exécration était adossé à une cabane, pénétra dans l'intérieur, décrocha un fusil et le déchargea, à travers le chaume, dans les reins du dormeur.

Elles sont si terribles, ces haines, que certaines familles en ont peur et n'hésitent pas à y sacrifier leur fierté. Il y a peu de temps, les parents d'un autre meurtrier vinrent à Tripoli supplier le gouverneur de mettre à mort leur fils coupable, pour épargner une longue effusion de sang dans le reste de la parenté. Le vali en référa à la Sublime Porte, qui refusa, et les deux vieux époux s'en retournèrent consternés.

Avant de dormir, nous errons hors du fortin, près de cabanes indigènes. A ce moment, la lune échancrée émerge de l'horizon noir et répand sa lueur bleutée sur la plaine infinie. Nos chevaux, restés debout avec la tête baissée, tiennent leurs yeux fermés.

Les tentes avec leurs brasiers qui fument en colonne, les troupeaux qui broutent à travers les touffes éparses des tamaris, les chameaux qui passent, silencieux comme des ombres, sur la piste de la plaine, et disparaissent en silhouettes minuscules sur la bordure de l'horizon, les conducteurs muets et drapés comme au temps d'Abraham, tout cela me pénètre du calme des antiques nuits patriarcales. Ainsi devaient reposer, dans leur naïve béatitude, les groupes familiaux de l'Orient lorsque Jacob se rendait chez Laban à travers les plaines d'Asie Mineure. Ainsi la vie s'écoulait alors, rude pour le corps, mais paisible pour l'âme, enivrée par la contemplation des astres. L'ambition s'arrêtait aux limites du pâturage, et les soucis à l'installation de la tente. La place était trop étendue pour que les rivalités s'y heurtassent. Les Hébreux n'ont connu la misère et les chocs sanglants que lorsqu'ils ont abandonné l'existence pastorale pour la conquête et pour l'agglomération en peuples constitués. En passant de la Chaldée en Egypte et en Palestine, les compagnons de Moïse ont à jamais perdu la félicité, vingt fois séculaire, que leur avaient léguée leurs ancêtres.

Le lendemain, les yeux me cuisent lorsqu'on m'éveille pour le départ. Malgré les grandes lunettes fumées et les ablutions de l'étape, le sable a produit des écorchures douloureuses autour des globes oculaires. Il n'est pas étonnant que la plupart des habitants du désert souffrent d'ophtalmie et qu'on y trouve tant d'aveugles.

Dans cette deuxième journée d'itinéraire côtier, le sable nous harcèle encore plus que la veille, parce que le vent le soulève en tourbillons. La poussière pénètre dans les gargoulettes les mieux bouchées, et j'en trouve des poignées jusqu'au fond de mes poches. Notre salive craque sous la dent.

A de certains moments, les tourbillons s'abaissent, et la poussière épaisse rase le sol sous la poussée violente du vent. On dirait une mince nappe d'eau blonde, qui court comme un large fleuve bouillonnant. Et parfois aussi le soleil communique à ces flots de poudre fauve des ruissellements de chevelure dorée. Cette fuite rapide du sol au-dessous de moi me communique des étourdissements.

Vers dix heures, nous distinguons un fourmillement d'êtres humains et de bestiaux concentrés en un point des sables, comme un essaim de mouches au bord d'une goutte de lait. C'est un puits important, où les indigènes viennent abreuver les troupeaux des pacages brûlés d'alentour. Il se fait un grand remue-ménage autour de cette précieuse mamelle dont la terre stérile s'efforce de désaltérer ses enfants. Les hommes et les femmes crient et se disputent; les moutons bêlent d'impatience en attendant leur tour devant les auges de bois

L'eau trouble est hissée à la surface dans une outre de peau que tire un petit bœuf en s'éloignant du trou foré dans le sable. Quand le rumi-

nant a achevé son tirage centrifuge et que le récipient affleure la margelle croulante, la corde tendue à terre donne exactement la profondeur du puits. Je la mesure et trouve 10 mètres.

Tout le monde se tait à notre arrivée. Les Arabes écartent les bruyantes bêtes à laine et remplissent les auges devant nos montures, qui en aspirent avidement le contenu, deux ou trois fois rempli pour chacune d'elles.

Un bon nombre d'hypothèses ont été émises sur la provenance de ces eaux. En ce qui concerne les déserts maritimes de la Tripolitaine, je pense qu'il faut chercher l'origine des réservoirs souterrains bien au delà des Gariana et de l'Yffren, où il pleut insuffisamment. A part le lointain et humide Soudan, je ne vois aucune région capable d'alimenter par infiltration les puits de ces *djeffara*.

L'eau devient un peu moins rare. Nous traversons un courant de 4 mètres de largeur sur le lit rocheux du Terouet, où les sabots de nos quadrupèdes ne se mouillent même pas entièrement. Plus loin, les ouadi Lemoueïta, Grib et Ranima n'ont pas une goutte de transpiration au fond de leur chenal, mais l'ouadi Douga étale une nappe aussi imposante que la Bièvre et témoigne ainsi du rapprochement sensible des montagnes. Le versant septentrional du Tarounah gagne, en effet, avec rapidité le littoral, qu'il touchera tout à fait aux environs de Homsk, le seul point où les flots de la Méditerranée syrtique sont dominés par des hauteurs immédiates.

La ligne télégraphique de Gariana à Homsk nous rejoint après le Douga, et j'éprouve une grande satisfaction à la voir humblement raser la surface du sol : les constructeurs ont dû enfoncer aux deux tiers les poteaux dans les monceaux mouvants du littoral, de sorte que cette ligne, qui nous

BOURGADE ROMAINE DE TAROUNAH.

narguait de si haut sur les montagnes, fait ici
triste mine.

Un charmant oiseau, empanaché d'une huppe
rouge, se dandine sur le fil de fer. Il ne se dérange
pas pour nous et penche la tête en dodelinant du
cou. Il nous examine d'un air goguenard et semble
se demander à quelle espèce de la classification
zoologique appartiennent ces mastodontes à la démarche lourde et pénible.

Le vent finit par tomber complètement, mais à
la manière d'un soufflet de forge qui s'arrête lorsque le brasier flamboie. La chaleur devient plus
torréfiante encore, et je crois sentir des fers rouges dans le dos. La réverbération pénètre comme
des fleurets jusqu'à la rétine et s'y escrime avec
acharnement.

Au milieu de l'après-midi nous pénétrons dans
le massif de hautes collines qui ondulent jusqu'à
la mer et la surplombent. Pour le franchir, nous
remontons le ouadi Roubéga, sillon aride qui ser-
pente parmi des champs d'alfa et quelques plantations d'oliviers. Nous passons ainsi devant des
ruines romaines, dont il ne reste que des pans
de muraille en pierre de taille, ajourés comme
des échafaudages de dominos.

Ces vestiges augmentent en nombre et en

dimension, à mesure que l'on se rapproche de Homsk. Sur une hauteur de 200 mètres, s'élève une tour assez bien conservée, qui termine un

RUINES DU BARRAGE D'UN OUADI DANS LE TAROUNAH.

amas de constructions tombées. Les restes d'une puissante bourgade s'accrochent aux flancs du piton et témoignent d'une colonisation intense dans l'antiquité

VUE GÉNÉRALE DU PORT DE LEPTIS.

De la crête de la presqu'île montagneuse, la ville de Homsk apparaît à nos pieds et détache sur l'écran dominant de la mer les carrés blancs de ses maisons et les dentelles vertes de ses palmiers. L'effet en est magique dans la lumière tendre de la fin du jour. C'est un horizon de rêve, un flottement d'irréel, où les couleurs les plus opposées se mêlent sans heurt. Une descente douce nous abaisse en quelques minutes jusqu'au port, qui s'endort déjà sur sa plage solitaire.

On sent que tout est moderne ici et que le souci de copier les agglomérations européennes a présidé à la construction de la ville. Les rues, très larges et tirées au cordeau, séparent les bâtisses, régulièrement alignées. L'artère principale a des airs de grand boulevard. A l'est, un tout petit quartier de masures serrées prouve que le grand embarcadère de l'alfa n'était qu'un infime village avant l'époque récente où la ville s'est fondée de toutes pièces.

La résidence du moutçarref est la plus luxueuse des habitations modernes de la Tripolitaine. Dans ce palais, mes appartements se composent de pièces très spacieuses, dont l'une reçoit le jour de sept fenêtres. La salle d'audience, où le haut fonction-

naire rend la justice, brille par ses meubles neufs,
que les vitraux colorent ardemment. J'y ai vu l'aimable pacha rendre ses sentences avec une réelle

VUE GÉNÉRALE DES RUINES DE LEPTIS MAGNA.

patience, ce qui me parait méritoire au milieu de
ces Arabes braillards. Le vieil Ottoman y accueille
journellement un jeune aliéné qui se croit chargé
de récolter les impôts, depuis qu'un chagrin
d'amour lui a emporté la raison.

Mon arrêt à Homsk doit durer trois jours; je les
emploie à étudier les ruines de Leptis Magna. Au
retour de chaque visite dans les ruines, mon
hôte m'attend pour une promenade vers le port,
que l'on gagne par une chaussée en dos d'âne
construite sur le sable. Trois usines à comprimer

l'alfa fument sur la plage et préparent les ballots
d'herbe qu'emportent des vapeurs anglais. Un joli
kiosque, réservé au moutçarref qu nd il veut se

LES QUAIS DE LEPTIS.

baigner, agrémente ce débarcadère, isolé dans les
solitudes du littoral. Nous y prenons l'apéritif avec
un médecin militaire d'origine grecque, un capitaine arabe de l'armée turque et l'aumônier du
bataillon. Le prêtre musulman, beau gars à l'œil
vif, m'étonne par le libéralisme de ses idées. L'of-

ficier parle un peu le français, qu'il s'efforce d'apprendre seul. Il est un des rares indigènes à qui le sultan confère des grades dans son armée régu-

RESTES D'UN AQUEDUC A LEPTIS.

lière. Ces exceptions ont pour but de se concilier l'esprit des Tripolitains.

On sait que Leptis Magna fut fondée par les Phéniciens de Sidon, et devint rapidement le port le plus important des Syrtica Emporia. Ses ruines gisent à trois kilomètres à l'est de Homsk, parmi des monticules de sable, où le ouadi Lebda a creusé un bassin aujourd'hui desséché.

Les anciens avaient sans doute choisi cet emplacement parce qu'ils y trouvaient l'avantage de pénétrer directement dans la région des hautes terres. Le ouadi, alors alimenté par les forêts du

RUINES DE LEPTIS : LE CIRQUE ROMAIN.

Msellata, leur servait de route commerciale vers l'intérieur, pour trafiquer avec les Garamantes.

D'après les auteurs grecs et latins, la prospérité de Leptis aurait commencé après la ruine du vieux port hellénique de Cynips, situé à l'embouchure du ouadi de ce nom. Il semble que la jalouse Carthage ait combattu de tout son pouvoir le développement de sa compatriote, qui ne triompha définitivement qu'après les guerres puniques et se maintint dès lors au premier rang du commerce méditerranéen jusqu'au quatrième siècle de notre ère.

La période romaine y est attestée par deux citadelles, des quais grandioses et des palais dont la moitié inférieure est malheureusement enfouie sous le sable. Peut-être les soubassements des citadelles contiennent-ils des vestiges de la période phénicienne.

Barth pense que l'ancien port sidonien se réduisait aux constructions de la presqu'île orientale, nommée πόλις et que, dans la suite, on appela *Neapolis* les agrandissements considérables du sud et de l'est; mais je n'ai constaté aucune trace d'habitations privées sur cette presqu'île, d'ailleurs très petite. Neapolis a plutôt désigné le faubourg linéaire qui se déroulait sur la plage, à l'ouest du ouadi. C'est là que les riches habitants construisaient leurs demeures de plaisance, à la manière des Napolitains de Portici ou des Marseillais de la Corniche.

Comment cette Leptis Magna, si prospère dans l'antiquité, est-elle devenue un amas de ruines enfouies dans la plus triste des solitudes? Détruite une première fois par les Vandales, elle fut relevée par les empereurs romains, et considérablement embellie par Septime Sévère, qui y était né. Ce fut l'invasion arabe du VIIe siècle qui lui porta le coup décisif. La ville, saccagée par le fanatisme musulman, fut achevée par les rivalités des cheiks ambitieux qui exterminèrent le reste de la population.

A partir de cette époque, la piraterie ferme l'accès de ce littoral aux Européens. La longue nuit qui plane pour nous sur les côtes tripolitaines pendant le Moyen Age, se dissipe un moment sous le règne de

STATUE ROMAINE TROUVÉE A LEPTIS.

Louis XIV, alors que nos consuls obtenaient d'apporter à Paris des colonnes de Leptis, pour orner l'autel de Saint-Germain-des-Prés.

Depuis, l'Allemand Barth et l'Anglais Cowper ont seuls porté là des investigations de quelque valeur. Grâce à l'influence de notre Consul gé-

néral, j'ai eu la chance d'y dresser le premier plan et d'examiner un à un les vestiges du célèbre port, autant qu'on le peut faire sans opérer des fouilles.

Les ruines sont situées sur les deux rives d'une vaste cuvette en ovale, depuis le fond où afflue le ouadi jusqu'à l'autre bout où il débouche dans la mer. Le filet

STATUE ROMAINE TROUVÉE A LEPTIS.

d'eau actuel partage en deux parties à peu près égales la ville comprise dans le tracé des remparts.

Le quartier de la rive gauche est celui sur

lequel s'élevaient les bâtiments publics, généralement échelonnés le long du ouadi. Le quartier de
la rive droite, beaucoup plus pauvre en vestiges,

RUINES DE LEPT.S : TOMBEAU.

n'a que des restes de terrasses, d'égouts, de demeures particulières. Cette ville proprement dite
peut mesurer 1 kilomètre sur chacun de ses quatre
côtés.

En dehors de ce noyau principal *intra-muros*,

deux quartiers suburbains s'allongent le long de la mer; l'un de 1 500 mètres sur la rive droite, avec le cirque et l'amphithéâtre; l'autre sur la rive gauche, avec de simples traces d'habitations particulières, sur une longueur de 2 kilomètres.

En général, on se trouve en présence de monuments de l'époque impériale, grandioses, mais de style assez médiocre. Un certain nombre de pièces de monnaies sans intérêt et de belles intailles sont constamment recueillies par les habitants de Lebda, qui les vendent.

Le sable cache inégalement les groupes de vestiges. Ses collines, dans lesquelles on enfonce jusqu'aux genoux, se sont amassées de préférence contre les murailles les plus élevées. Parfois elles en recouvrent la totalité sur l'un des côtés, tandis qu'elles laissent l'autre à peu près à nu. La plupart du temps, elles enfouissent la moitié environ des vestiges. Ce sable a été apporté par les vents du désert et par celui du nord-ouest, qui a entraîné le sol pulvérulent du littoral. Le courant atmosphérique change sans cesse ses ondulations, comme j'ai pu m'en rendre compte en comparant l'état actuel avec celui constaté par mes prédécesseurs, même les plus récents.

Les remparts, sensiblement parallèles au ouadi,

ne se trahissent plus que par les affleurements de leur base au ras du sol. Leur épaisseur témoigne de l'ancienne solidité de ces fortifications. Les

RUINES DE L'AVANT-PORT A LEPTIS.

Vandales, qui détruisaient tous les remparts de l'Afrique afin que les Romains ne pussent s'y retrancher, n'ont rien laissé subsister de l'enceinte primitive. Les murs dont on voit encore les traces sont ceux de Justinien, dont les pierres ont probablement été enlevées à leur tour pour construire la moderne Tripoli.

Le bassin ou *cothon*, qui mesure 350 mètres dans son grand axe, n'est aujourd'hui qu'une crique desséchée, dont un mince ruisseau longe la bordure, occidentale. Pour juger de l'ancienne profondeur des eaux dans ce port intérieur, on doit s'en rapporter aux amarres des quais sur les contours des presqu'îles qui ferment la passe : les plus gros navires de commerce y pouvaient évoluer.

La passe, large de 60 mètres, n'est aujourd'hui qu'un marais qu'on ne saurait traverser sans danger; le piéton doit remonter à plus de 100 pas vers l'intérieur pour passer d'une rive à l'autre. Sur le bord occidental s'élève une forteresse avec des murailles formidables, des traces d'escaliers et des puits. En face, sur le bord oriental, une deuxième forteresse domine des quais immenses. Lorsque la mer est calme, on distingue, sous les flots, des tronçons de constructions longues et étroites, les uns au bout des autres. Nul doute qu'on ne se trouve là en présence d'une jetée qui protégeait naguère l'entrée de la passe.

Barth accuse cette jetée d'être la cause de l'enlizement du port, parce que, dit-il, elle n'avait pas de ces cannelures transversales qui permettaient au sable des marées de se retirer avec le flot. Il se peut que la jetée manquât de ces débouchés, mais comment Barth peut-il le savoir puisqu'il ne reste plus que des tronçons sous-marins et que les cannelures pouvaient bien être creusées dans les parties aujourd'hui disparues?

Je n'ai pas vu les *cales* que le savant allemand a signalées dans cette presqu'île et qui ont peut-être été détruites depuis.

La partie qui domine le cours actuel du ouadi contient de belles substructions en moellons et des voûtes en briques qui devaient être la partie immergée des quais et les docks pour les marchandises.

A 200 mètres ouest du donjon de la presqu'île occidentale, se dressent deux colonnes semi-circulaires, les seuls fûts encore debout dans tout Leptis. Ces colonnes ont encore 5 et 8 mètres de hauteur. Leur disposition symétrique, leur section plane du côté de l'ouest et leur formation en pierres de taille prouvent qu'elles servaient d'ornementation à un monument contre lequel elles étaient plaquées ou à une porte dont elles constituaient la bordure. Quel était ce monument? Peut-être le fameux palais de Justinien. Peut-être la basilique élevée à la Vierge.

En faveur de la première hypothèse, on a l'immense amas de débris de fûts en marbre cipolin qui jonchent le sol, à quelques pas de là. Nous savons, en effet, que le monument de Justinien renfermait une quantité nombreuse de colonnes. Cependant ces tronçons, dont quelques-uns mesurent 9 mètres de longueur sur 1 mètre de diamètre, ont pu être apportés jusque-là par les agents européens, lorsqu'ils ont effectué l'exportation des colonnes et qu'ils ont dû en abandonner la plus grande partie. Quant à la deuxième hypothèse, c'est-à-dire celle de la basilique, on peut arguer de l'emplacement élevé et très en vue, tels que les constructeurs des sanctuaires chrétiens les ont toujours recherchés, surtout dans les ports de mer.

Le faubourg oriental était celui des monuments de réjouissance : le *cirque* et l'*amphithéâtre*. Les dimensions du cirque, situé à 1 kilomètre à l'est de la passe, étonnent par leur ampleur et montrent qu'il n'est pas un stade grec, mais un cirque romain. Il est formé le long du rivage par deux murailles parallèles, presque complètement recouvertes par les sables, qui se rejoignent à l'extrémité orientale par un fer à cheval de maçonnerie très épaisse. Le mur du rivage a encore des traces d'escaliers qui servaient probablement à atteindre son étroite plate-forme. L'axe de l'arène, l'ancienne *spina*, s'orne d'une suite de soubassements creusés en forme d'auges, de la forme de parallélipipèdes très allongés, larges de 2 mètres. L'intérieur semble revêtu d'un ciment spécial pour retenir l'eau.

Ce cirque est le monument le mieux conservé de tout Leptis. Avec les ruines de temples qui le précèdent, il forme un vaste quartier, d'aspect très imposant, et l'on se demande comment Barth a pu s'y prendre pour n'en pas même soupçonner l'existence.

Au sud, et presque contiguë à ses murs, se trouve une dépression ovale où l'on s'est plu à voir un amphithéâtre. Elle mesure 80 mètres dans son plus grand axe. Je n'ai pu y distinguer aucune trace de construction.

Sur toute la surface de Leptis Magna et de ses deux faubourg, il n'y a pas une seule statue apparente, ni même un débris reconnaissable. Tout ce qu'on peut voir de l'art du statuaire provenant de cette ville, consiste en quatre statues qui ornent aujourd'hui deux monuments de Homsk.

J'ai relevé avec soin les inscriptions que j'ai rencontrées. Leur nombre se borne à trois, dont une seulement ne figurait pas encore dans le *Corpus*.

De Homsk, nous gagnons le Tarounah, patrie de mon compagnon de route. Nous franchissons les légendaires collines des Grâces dont Hérodote a vanté la fertilité, et nous nous arrêtons une nuit à Msellata, après de pénibles lacets dans des ouadi où l'on voit encore les ruines de barrages épais. Il est difficile de reconnaître si le mérite de ces constructions, destinées à capter les eaux pluviales, revient aux Romains ou aux Berbères.

Le bourg de Msellata commande les avant-monts du plateau de Tarounah. Comme le kaïmakan en était absent, j'y reçois l'hospitalité d'un très pauvre petit sous-lieutenant, qui s'efforce de me cacher sa pénurie en mettant toute sa maison à mon service.

Le pays de Tarounah, région onduleuse et nue, offre un aspect curieux à cause des nombreux pitons volcaniques qui percent sa croûte calcaire. Il est bien plus précieux encore pour l'archéologue : on y trouve en maints endroits des monuments étranges, qui ont donné lieu à bien des erreurs et que les Arabes ont appelés *Sanam*. En voici la description :

Deux piliers rectangulaires, hauts de 3 à 5 mètres, épais de 0m40 à 0m50, sont plantés verticalement avec une séparation de 0m40. Une troisième pierre, couchée horizontalement sur les deux sommets, relie les piliers verticaux. Ces rectangles, de pierres de taille ou de monolithes, se trouvent généralement sur les remparts, où ils restent presque les seuls vestiges debout. Dans les piliers verticaux, on remarque des trous rectangulaires, très réguliers (0^m20 de côté), qui se correspondent deux à deux à des hauteurs égales. Chaque monument possède deux, trois ou quatre rangées de ces trous, les uns traversant toute la pierre, les autres échancrant seulement la superficie du pilier. Quant à l'ordonnance de ces rangées, elle varie d'un monument à l'autre.

Barth et Cowper, les seuls voyageurs qui aient vu ces ruines avant moi, estiment que les sanam jouaient le rôle d'autels pour les cérémonies religieuses, soit chez les peuples autochtones, soit chez les colons phéniciens. Comment admettre que les constructeurs d'habitations et de tombeaux aussi soignés aient réservé aux seules divinités des monuments aussi petits et aussi grossiers?

Je fus frappé de l'analogie entre ces sanam et les pressoirs de raisin employés par les Napolitains et par les Grecs. J'examinai attentivement chaque région de ces ruines, et j'observai que les sanam sont d'autant plus nombreux que le sol est plus productif en oliviers. Je pouvais déjà être assuré que ces monuments, si mystérieux pour Barth, ne sont que des pressoirs à huile.

D'autre part, ils offrent une similitude complète avec les restes de « *Torcular* » qui existent en grande abondance dans le Sud tunisien. M. Saladin, qui en a étudié une certaine quantité a donné de ce système de pressoirs une reconstitution à laquelle je ne puis que souscrire, puisque j'étais arrivé par moi-même, et sans connaître son travail, à un résultat analogue.

Du kasr Tarounah, où réside un très vieux kaïmakan arabe, il faut deux journées pour revenir à Tripoli.

Nous faisons une halte dans le gourbi du frère de Hamer. L'habitation de ce nomade me surprend par sa propreté. Notre hôte étale ses plus beaux tapis afin que nous reposions quelques heures sous sa toile, parmi des coffres et des malles européennes qui constituent le mobilier.

La descente du plateau, par la vallée profonde et encaissée du ouadi Douga, ne s'effectue pas sans difficulté. La pluie a rendu les roches très glissantes, et nos chevaux se font traîner à la bride dans ces effondrements bordés de précipices. C'est la première fois que nos bêtes se montrent récalcitrantes. Il y a vraiment de quoi, car la bourrasque nous aveugle de ses projectiles liquides, et le vent nous pousse dans le vide. Un oiseau, ré-

veillé brusquement, s'envole de dessous les sabots
de ma monture qui se cabre et manque de renou-
veler la tragique chute de l'Yffren.

RESTES D'UN PRESSOIR ROMAIN.

Pas un village entre Tarounah et la plaine, où
nous arrivons à temps pour recevoir les rayons
bienfaisants d'un bon soleil qui sèche nos vêtements! Pour dernière étape, nous choisissons la
tente d'une famille berbère qui nous accueille avec
plaisir. Le mari s'occupe de nos animaux et leur

prépare de l'orge qu'il vanne avec les mains en la secouant au vent. Les femmes et les enfants traient leurs chèvres et cuisent un grand plat de mchammsa.

Je passe ma dernière nuit d'exploration dans des conditions affreuses, à lutter contre les terribles insectes qui m'avaient déjà tant torturé au kasr Yffren. Quand l'aube me permet de regarder mes bras, ils sont criblés de piqûres. Fort heureusement la mer est près de là; je cours me jeter dans de belles vagues bleues qui me consolent avec la caresse de leur écume blanche. Cela ne diminue en rien la légitimité de la réputation des Berbères en matière d'hospitalité. Je l'ai constatée durant tout mon trajet, et cent anecdotes probantes circulent dans la région à ce sujet, entre autres celle-ci :

Un soir d'orage, un officier des Karamanli dut se réfugier dans la tente d'un chef de tribu, au sud-ouest de Tripoli. Il y reçut l'accueil le plus empressé, bien qu'on ne le connût aucunement. Le cheik lui-même lava les pieds du voyageur et le servit à table selon la coutume. Puis, les deux nouveaux amis devisèrent longuement dans la nuit, de leurs ancêtres et des exploits dont ceux-ci s'étaient rendus célèbres. Soudain, le cheik pâlit, se leva et se retira au fond de la tente, d'où il ne bougea plus jusqu'au matin.

A l'aurore, l'hôte dit au voyageur : « Ton cheval ne peut galoper assez rapidement, je te donne le meilleur des miens pour que tu t'éloignes au plus vite. J'avais juré de tuer le descendant du meurtrier de mon père. Or nos entretiens d'hier m'ont fait découvrir que tu es le fils de ce meurtrier. Aussitôt que tu auras quitté ma demeure, je te poursuivrai à outrance. Pars à l'instant même. »

Le Berbère tint la bride de son hôte, suprême honneur. Dès que l'invité se fut enfui au galop, il fit seller une autre bête et courut à sa poursuite durant tout le jour. Son cheval, moins rapide que celui de l'officier arabe, n'arriva sous les murs de la ville qu'une heure après le fuyard. Et le cheik s'en revint à son gourbi, heureux d'avoir accompli son devoir filial et de savoir son ennemi en sécurité.

Trois jours après mon retour à Tripoli je reprends le paquebot à destination de Marseille.

CONCLUSION.

JE rentre après avoir parcouru à peu près toutes les contrées qui méritent quelque intérêt dans la Tripolitaine proprement dite. Et j'en rapporte une opinion bien différente des nombreux écrits que l'on a publiés sur ce sujet. Que tant d'erreurs aient été accumulées sur cette partie de la colonie turque, c'est chose naturelle : aucun voyageur n'y a pénétré depuis cinquante ans que pour des excursions rapides et courtes, limitées à une ou deux étapes.

D'abord, on s'est beaucoup exagéré le nombre et l'importance des ruines dans les Djebel. Il en subsiste une très petite quantité, toutes d'origine romaine. Et ces faibles vestiges disparaissent rapidement sous la pioche des indigènes, qui viennent y puiser des matériaux pour leurs constructions. Des bourgades entières ont ainsi été effacées de leur ancien emplacement. Quant aux vestiges arabes ou berbères de ces montagnes, ils ne présentent aucune particularité et ne remontent vraisemblablement pas à une haute antiquité.

Le véritable champ des recherches archéologiques est donc limité aux rivages de la mer et du plateau du Tarounah. Mais là, plus que partout ailleurs, les fouilles deviennent indispensables pour obtenir des résultats décisifs, car c'est dans ces régions que le sable recouvre avec le plus d'opiniâtreté les vestiges des civilisations éteintes. Si les ruines apparentes de Leptis Magna suffisent à défrayer pour le moment la curiosité des explorateurs, celles de Sabratha disparaissent entièrement dans le sol actuel. Il en est de même pour le Tarounah, dont les Sanam constituent à peu près les seuls témoins debout, alors que les débris amoncelés et enfouis tout autour, renferment indubitablement bien des secrets de la colonisation romaine. Peut-être même ce plateau recèle-t-il des souvenirs phéniciens. J'y ai trouvé une inscription punique à découvert, mais c'était là un hasard. Notons encore les traces de barrages arabes qui fourniront de précieux renseignements sur les procédés d'irrigation du monde arabe au Moyen Age.

Ainsi le défrichement reste une nécessité pour toutes les recherches archéologiques. D'autres investigations superficielles n'en donneront pas moins de grands résultats, parce que la Tripolitaine tout entière est un territoire complètement inexploré. Non seulement les vestiges humains, mais les documents géologiques, zoologiques et botaniques font absolument défaut. A peu près tout est inédit parmi les cueillettes que j'ai rapportées et que rapporteront longtemps encore ceux qui me suivront.

Au point de vue économique, il est peu de pays qui présentent un pareil aspect de désolation. C'est être généreux que d'estimer les régions habitées et cultivées à la vingtième partie du territoire total. Et qu'est-ce que ces cultures et cette population? Quelques familles très pauvres pour une oasis perdue dans une immense solitude de pierres, de sables ou d'herbes grêles!

L'idée que l'on se fait de l'ancienne fertilité de ces régions laisse aux convoitises européennes l'espoir que de grands travaux agricoles remettraient ces territoires dans leur état primitif. C'est un leurre. L'infécondité actuelle tient surtout à la disparition des forêts qui couvraient les hauts plateaux. En sapant les arbres des djebel, les Arabes ont porté le coup de mort à la Tripolitaine. car ils ont ruiné le sol. On pense aussi que les couches d'eau souterraines compenseraient le tamisage des pluies à jamais disparu; mais ce labeur est fait par les indigènes partout où il est susceptible de réussir, et les résultats que j'en ai constatés me paraissent négatifs, en dehors de quelques rares sites privilégiés. Que peut faire l'eau des *norias* lorsqu'on la répand sur le sable des plaines ou les pierres des montagnes, alors qu'il ne subsiste plus un grain d'humus? Nos puissants moyens d'irrigation y feraient un effort disproportionné avec les maigres bénéfices qu'on en tirerait. En doublant leurs produits, les champs propices à la culture de l'orge ne donneraient encore qu'un revenu insuffisant pour nourrir les travailleurs. Les plantations d'oliviers elles-mêmes ne trouvent que des espaces trop restreints. Cela est si vrai que tous les soins des Turcs dans ce sens se portent vers la Cyrénaïque.

Le plateau de Barka, voilà, semble-t-il, le véritable point digne d'améliorations. Non seulement le sol y est plus apte à une fertilisation artificielle, mais les côtes possèdent des golfes favorables aux escales des navires. La fameuse baie de Bomba, surtout, constitue un abri de premier ordre, meilleur peut-être que notre port de Bizerte. Des renseignements très sûrs m'ont appris que les Anglais occupent clandestinement cette rade de Bomba depuis un an, qu'ils y accumulent secrètement des dépôts de charbon, et que leurs matelots campent à terre comme chez eux. Nul doute

qu'au premier coup de canon tiré par une autre
nation, les officiers britanniques n'arborent le pavillon de leur pays pour s'approprier officiellement
le site le plus précieux du littoral des Syrtes.

Les Turcs sont encore les meilleurs voisins que
nous puissions désirer le long de notre frontière
tunisienne. Nous ne gagnerions rien, au contraire,
à voir une autre puissance s'installer en Tripolitaine. Mais si le sultan conserve des territoires où
gisent tant de précieux souvenirs de l'antiquité,
que l'Europe obtienne au moins pour ses savants
la complète liberté des fouilles et des études archéologiques. Leptis Magna, le Tarounah et le district d'Orfella recèlent des secrets historiques (et
peut-être préhistoriques) qui valent bien la peine
de pourparlers diplomatiques avec le Bosphore.
La Turquie devrait ouvrir sans restriction sa colonie aux voyageurs étrangers, comme tous les
Etats civilisés le font. Tout en manifestant ce
légitime désir, je reste profondément reconnais-
sant au Gouvernement ottoman de la faveur toute
spéciale et de l'accueil parfaitement courtois qu'il
m'a faits.

TABLE DES MATIERES

CHAPITRE IV

CHAPITRE V

CHAPITRE VI

TABLE DES GRAVURES

Imp. F. Schmidt, Paris-Montrouge

LIBRAIRIE HACHETTE ET Cie

Collection de Voyages illustrés (form. in-16)

Chaque vol. : broché, 4 fr. — Relié en percaline, 5 fr. 50

19-1908.

* 9 7 8 2 0 1 9 2 9 5 3 7 0 *